El mapa del emprendimiento

El mapa del emprendimiento

El manual para crear negocios duraderos

JOSEP REYES

G2000

Gestión 2000 es un sello editorial de Centro de Libros PAPF, SLU.
Av. Diagonal, 662-664
08034 Barcelona
www.planetadelibros.com

Primera edición: marzo de 2025
Depósito legal: B. 2.427-2025
ISBN: 978-84-9875-587-9
Composición: Realización Planeta
Impresión y encuadernación: Arteos Digital, S. L.
Printed in Spain - Impreso en España

PEFC Certificado
Este libro procede de bosques gestionados de forma sostenible
PEFC
PEFC/14-38-00305
www.pefc.es

Sumario

Tercera parte
Gestión y mentalidad empresarial

Prólogo

En un tiempo en el que se promueve el *one man company*, el «muestra a todo el mundo que eres un triunfador», el hacerte rico rápido sin importar lo honradamente que ganes ese dinero, nos llega el libro de Josep como una herejía al emprendimiento de fachada.

El mapa del emprendimiento no es una promesa ni una declaración de intenciones, ni mucho menos un *funnel* [embudo de marketing] por el que pasar a dejarte el dinero.

El libro que tienes en tus manos es la experiencia de un caso real de éxito, de una persona que ha dado trabajo a muchas familias con una actitud generosa y profesional.

Siempre he tenido claro que el crecimiento sostenido es crecimiento compartido, y eso es lo que ha hecho Josep y lo que quiere compartir contigo en este magnífico libro.

Aquí vemos el emprendimiento real, el que tiene los pies en el suelo y el que muestra su éxito durante años.

Josep, generoso por naturaleza, tiene a bien compartir lo que ha hecho, lo que ha decidido y lo que ha sentido con la esperanza de ayudar al lector.

Cuando hablamos de éxito, nos olvidamos de que el 95 por ciento de las empresas fracasan en los primeros tres años y que cerca del 40 por ciento se mantienen por el dinero que invierte un *sponsor*, pese a no generar ingresos.

Conozco a muchas personas que tienen grandes empresas que aseguran haber partido de cero sin ser realmente así. El origen humilde, el sacrificio y el camino del éxito venden. Pero sólo conozco a dos que hayan tenido una empresa de éxito partiendo de cero de verdad, y uno de ellos es Josep.

Te animo a que leas este manual con una mente abierta, receptiva y tomando apuntes. Si quieres cambiar de vida y tener tu propia empresa, éste es uno de los libros que más te puede ayudar por dos motivos: el primero, porque es real, no un relato biensonante más ficticio que ajustado a la realidad y, el segundo, porque está escrito desde la generosidad.

Te deseo una buena lectura y una mejor inspiración.

Tomás Navarro,
psicólogo y escritor

La historia de Buin

Hola, me llamo Buin. Soy hijo de Mariela y Jariel, y tengo una hermana mayor que se llama Rory. Cuando era pequeño, vivíamos en una isla preciosa llamada Isla Turquesa, en una casita que quedaba cerca de la de mis abuelos. Ellos eran muy importantes para mí, y aunque ya no están con nosotros, a veces miro al cielo por las noches y busco las estrellas que más brillan, imaginando que son ellos.

Antes de que mis papás se conocieran, mi mamá vivía con su familia en el sur de la isla, en una pequeña aldea de pescadores. Mi abuelo tenía una taberna allí, donde los piratas que llegaban del mar pasaban para descansar y contar historias. Los piratas eran ruidosos y a veces un poco alocados, pero a mi abuelo no le quedaba otra opción que atenderlos, ya que gracias a ellos la taberna seguía abierta. Sin esos clientes, el negocio no habría durado mucho.

Pero, un día, el rey decidió que quería acabar con los piratas. Los persiguió hasta capturarlos, y así, el abuelo perdió a sus clientes y su taberna cerró. Entonces, mi mamá y su familia se mudaron al norte de la isla, buscando una vida mejor. Fue allí donde, un tiempo después, mamá conoció a papá.

Mi papá, Jariel, siempre había vivido en el norte de la isla, en un pueblo llamado Prosperidad. Su papá era un militar muy estricto y, aunque el abuelo siempre quiso que papá fuera militar, papá nunca quiso seguir sus pasos. A papá le encantaba pintar y escribir frases bonitas a modo de título para aquellos cuadros. Era bohemio y soñador, por lo que no quería usar uniforme ni portar un arma.

Cuando mamá y papá se conocieron en el puerto, se enamoraron muy rápido, se casaron y formaron una familia. Primero nació Rory y, unos años después, llegué yo.

Nuestra familia era humilde y estaba muy unida. No necesitábamos ser ricos para ser felices. Vivíamos una vida tranquila hasta que papá tuvo que hacerse cargo de la herrería de un hombre mayor llamado Prinker cuando el anciano falleció.

Aunque no le gustaba el trabajo de herrero, papá lo hacía bien, y con el tiempo, la herrería empezó a prosperar. Contrató ayudantes y pronto teníamos más de lo necesario. Pero, como papá no tenía experiencia manejando una empresa tan grande, la herrería fue perdiendo dinero hasta tener que cerrar. Papá se sintió muy triste, porque sentía que había fallado a nuestra familia.

Entonces, mamá decidió ayudar, se puso a trabajar como asistente doméstica y, gracias a ella, nunca nos faltó un plato de comida. Papá la admiraba mucho, y aunque él estaba triste, yo veía que trataba de ser fuerte por nosotros.

Al mismo tiempo, yo iba a la escuela, pero no era muy feliz allí. Me costaba hacer amigos porque era un soñador como papá y diferente a los demás niños. A veces me quedaba solo, mirando las montañas y pensando en inventos y aventuras, pero eso hacía que algunos niños se burlaran de mí. Decían que era raro, e incluso a veces me pegaban. No entendía por qué me trataban así y me sentía muy solo.

Con el tiempo, las cosas no mejoraron en la economía familiar, y nuestra familia tuvo que vender la casa y mudarse a otro lugar. Como yo estaba terminando la escuela, me quedé en la casa de mi tío Karl y mi tía Binka, para terminar el año escolar.

El tío Karl era una persona muy estricta y trabajadora. Trabajaba en el puerto vigilando barcos y hacía arreglos en ellos para ganar un poco más de dinero. En su casa todo estaba muy organizado, y aunque al principio me sentí extraño allí, aprendí a seguir su ritmo y poco a poco me fui sintiendo mejor. Esos meses en su casa fueron de los mejores de mi vida desde el punto de vista de la tranquilidad que se respiraba.

Cuando terminé la escuela, volví con mis padres. La situación económica no había mejorado mucho, pero empecé a sentirme más fuerte y con más confianza en mí mismo. Después de un tiempo, encontré un trabajo y conocí a una chica maravillosa llamada Daia. Nos enamoramos y formamos nuestra propia familia. Después de unos años, nació nuestra hija, Lari. Tener a Daia y Lari fue lo mejor que me pasó en la vida, porque sentí que por fin tenía mi propio lugar en el mundo.

Daia, Lari y yo vivíamos en la casa que heredamos de los abuelos. Un día, mientras intentaba ordenar el desván como le había prometido a Daia, tropecé con un montón de cajas y trastos viejos. Fue entonces cuando sentí un dolor agudo en la palma de mi mano y noté cómo la sangre empezaba a brotar de una herida. Al levantarme, vi el motivo del corte: había caído encima de un viejo marco con el cristal roto. Justo debajo, había algo que me llamó la atención. Con la sangre aún fluyendo, descubrí lo que parecía ser un antiguo mapa, cubierto por una fina capa de polvo y suciedad, como si hubiera estado ahí esperándome durante años.

Mientras lo observaba, noté algo extraño: mi sangre se deslizaba, como si tuviera vida propia, hacia un punto concreto del mapa y formaba una pequeña isla que apenas se veía. Miré más de cerca, con el corazón acelerado, y entonces me di cuenta de que no sólo era un mapa; era un mensaje, una invitación que parecía estar dirigida a mí. Al borde del papel, apenas visible por el paso del tiempo, había una frase manuscrita que decía: «Los tesoros existen sólo para quien se atreve a buscarlos» y estaba firmado por un tal sir Dorem Deprén.

Ese mensaje, unido al pequeño islote que la sangre había señalado, parecía una señal, una especie de desafío que, hasta ahora, había pasado inadvertido en mi vida. Sentí una emoción que nunca había experimentado, algo en mi interior despertaba. Quizás, después de todo, ese mapa escondía algo que yo estaba destinado a descubrir.

Mientras todavía sostenía el mapa en mis manos, con esa supuesta isla marcada en él, me vinieron a la mente aquellos extraños sueños que me habían perseguido desde niño. Siempre soñaba que era un pirata, surcando mares desconocidos y enfrentándome a tormentas y criaturas misteriosas. En esos sueños, me veía como un capitán de barco, dando órdenes a una tripulación que me seguía con respeto, buscando islas lejanas llenas de secretos.

Lo curioso es que, en la vida real, ni siquiera me gustaba el mar. Lo respetaba, claro, pero también le temía un poco por su inmensidad. Me mareaba con facilidad y prefería los caminos de tierra firme. Y, sin embargo, esos sueños eran tan vívidos, tan reales, que siempre me despertaba sintiendo que había vivido una vida paralela como pirata, en un mundo donde la aventura y el misterio formaban parte de mi día a día.

Quizás ese mapa, esa isla que la sangre había señalado, era el puente entre mis sueños y la realidad. A lo mejor, el universo me estaba diciendo que debía enfrentar ese temor y lanzarme al mar en busca de respuestas. La idea de zarpar hacia lo desconocido me inquietaba y, al mismo tiempo, despertaba en mí una emoción extraña. Había llegado el momento de escuchar esa llamada que me había perseguido en sueños durante toda mi vida.

Cuando se lo conté a Daia, aun sintiéndome ridículo yo mismo y con un gran pesar por plantearme dejarlas e ir en busca de aquella isla secreta, ella me escuchó con paciencia y me dijo algo que no esperaba. Me dijo que, aunque sabía que yo las amaba tanto, debía seguir mi corazón y buscar el tesoro, porque cumplir mis sueños también era importante para ella y para Lari. Era una lección para Lari. Enseñarle que hay que luchar por hacer realidad los sueños. Así que, después de pensarlo mucho, decidí emprender una aventura en busca de ese lugar misterioso.

Antes de comenzar mi aventura, reflexioné sobre las palabras de Daia. Su apoyo hizo que me sintiera más fuerte, pero también supe que no sería fácil. Este sueño no sólo implicaba lanzarme al mar; iba a necesitar aprender muchas cosas nuevas, armarme de paciencia y salir de mi zona de confort. Aunque me sentía como cualquier persona común, si de verdad quería alcanzar algo tan grande, debía convertirme en alguien diferente. Sabía que no me transformaría en pirata de la noche a la mañana. Tenía que aceptar que dominar este nuevo camino tomaría tiempo y esfuerzo.

Primero, me dirigí al sur de la isla, donde mi abuelo había tenido su taberna, con la esperanza de encontrar a alguien que me pudiera contar más sobre la isla del mapa. Allí, en aquella isla supuestamente deshabitada, después de varios días de búsqueda, conocí casi por casualidad, buscando en los acantilados la escalera de acceso a la isla que construyeron los piratas, a un hombre mayor y muy misterioso llamado Tomsk. Era un auténtico pirata, vivito y coleando, que parecía saber muchas cosas sobre el mar y las islas escondidas. Al principio, Tomsk no quería hablar conmigo, incluso amenazó con hacerme daño si no me iba, pero con el tiempo, poco a poco y tras algunos días, nos hicimos tan amigos como para compartir la cena al hogar alrededor del fuego. Me contó historias increíbles sobre barcos, aventuras y lugares lejanos. Gracias a él, aprendí todo lo que necesitaba saber para poder enfrentarme a la gran aventura que me esperaba.

Finalmente, un día, Tomsk me miró y me dijo: «Buin, te acompañaré en esta aventura. Sé que tienes un gran sueño, y juntos iremos en busca de la isla que aparece en tu mapa y que sé que existe». Supe que, con su ayuda y experiencia, nada podría detenerme.

Desde el día en que Tomsk aceptó acompañarme en esta travesía, se convirtió en algo más que un compañero: fue un auténtico maestro. La primera vez que lo vi, su presencia me estremeció; parecía una figura sacada de mis sueños de pirata. Su rostro curtido por el sol y la sal de los mares tenía arrugas que contaban historias, y su único ojo azul, tan intenso como el mismo océano, me observaba con una mezcla de dureza y sabiduría.

Tomsk era un hombre de pocas palabras, pero cada una parecía tener un peso especial. Con él, aprendí a valorar el silencio y a entender el significado de la paciencia. «En el mar, como en la vida, Buin —solía decirme mientras observábamos el horizonte—, la velocidad no lo es todo; es la dirección la que te lleva a donde quieres ir.» Era un consejo sencillo, pero caló en mí de una forma que no esperaba. Empecé a ver la vida como un viaje en el que necesitaba trazar bien mi rumbo, y no sólo lanzarme sin pensar.

De él aprendí a dominar mi mente, a enfrentarme a los miedos y a ser fiel a mis propios principios, incluso cuando las cosas se ponían difíciles. A veces, mientras el viento nos golpeaba de frente, Tomsk me recordaba que la fuerza de un pirata no se mide por los combates que gana, sino por los que elige no librar. En esos momentos supe que mi aventura no sólo se trataba de encontrar un tesoro, sino de encontrarme a mí mismo.

Tomsk me enseñó que, para llegar a la isla de mis sueños, tendría que aprender a ser fuerte, a tomar decisiones difíciles y a ser paciente. En él encontré algo que nunca había tenido: un mentor que me mostrara el camino, no sólo en el mar, sino en la vida misma. No sé qué esperaba encontrar cuando partí de casa, pero lo que menos imaginé fue que hallaría a alguien que dejara una marca tan profunda en mi historia.

Y así fue como comenzó mi gran viaje, en busca de un tesoro escondido y de un sueño que había estado en mi corazón desde niño. Sabía que, aunque estuviera lejos de Daia y Lari, ellas estarían conmigo en cada paso de esta aventura. Porque, al final, los tesoros son importantes, pero los verdaderos tesoros son aquellos que llevamos en el corazón.

(Continúa al final del libro.)

Introducción

La aventura de Buin, salvando las distancias, podría ser la de cualquier emprendedor que se plantea lanzar un proyecto. No te preocupes, volverás a saber de él y cómo continúa su aventura al final del libro, pero ahora mismo, quédate con lo sustancial de su cuento, ya que es aplicable a cualquier reto que te plantees en la vida. Entiende que cualquier cosa que te propongas requiere que la abraces con fuerza hasta que duela, que asumas con humildad y serenidad su curva de aprendizaje y que tengas la paciencia para planificarlo y ponerlo en marcha más allá de tu zona de confort hasta que te superes y evoluciones a un nuevo estatus personal y profesional. Incluso si es algo tan peculiar como convertirte en pirata...

El cuento de Buin y su obsesión por ser un pirata es un buen comienzo para que tu hijo o tu hija comiencen a interiorizar esto del emprendimiento. Buin es un chico cualquiera, pero de repente tiene un sueño, y va a por él. Es un mensaje para que los niños no acepten la vida en blanco y negro que les pintan algunos adultos de otra generación, sino que sean ellos los que la dibujen y coloreen a su gusto. Espero que sepas ver el mensaje que esconde en muchas de sus frases, como también espero que ese niño o niña que ahora sólo ve el cuento de un muchacho que quiere ser pirata pueda darle sentido en el futuro leyendo el resto del libro.

Y hasta aquí la referencia a «La historia de Buin».

Ahora quiero presentarme yo, que no me llamo Buin, aunque como él también tuve infancia, problemas y un momento de alumbramiento como emprendedor.

Mira, yo soy más como un martillo pilón que como un bisturí. Podría poner pretextos para explicarte por qué las cosas me cuestan un poco más que hace algunos años y no hablo de la edad. La verdad es que prefiero enfocarme en mis virtudes que dibujar en mi mente excusas de perdedor, que nunca están justificadas. Eso es lo que distingue a un emprendedor de un conformista. Lo importante no es lo que arrastras, eso a nadie le importa. Nadie pregunta ni tiene en cuenta el pasado de alguien que tiene éxito. Más adelante te explicaré algo sobre mi yo anterior, porque tú no eres cualquiera, pero céntrate en sembrar un buen presente para tener un mejor futuro. Así es mi *modus vivendi* desde hace años, y así es como he prosperado en la vida a nivel profesional y también personal.

Ésta es la quinta vez que escribo de nuevo el libro que tienes en tus manos. Escribo mucho desde hace años, pero jamás había escrito un libro completo, y reconozco que ha sido toda una experiencia de superación que, de tanto repetirla, me ha regalado más conocimientos y los fundamentos como para escribir otros cinco después de éste en una quinta parte de tiempo. Todos compartirán la ambición de ayudar a nuestros futuros emprendedores, pero también a los que, como yo, en cierto momento se plantean dar un giro de timón a sus negocios. Como verás no soy de subirme al carro de cualquier nueva tecnología o sistema de ventas de moda porque emprender no es una moda y cualquier empresario es emprendedor antes de serlo. Por más que algunos traten de desmerecer a la palabra *emprendedor*. Quizás deberían tener más memoria sobre ellos mismos. Bueno, a lo que íbamos, en los negocios ya está todo inventado, lo vistan como lo vistan, pero el miedo al emprendimiento o la incertidumbre del cambio y la adaptación del modelo de negocio cuando ya lo has hecho están grabadas a fuego en la sociedad española, lo que hace de nuestro país un lugar más triste y menos próspero.

Como te decía, que tengas hoy en tus manos *El mapa del emprendimiento* es casi un milagro, porque entre la pandemia y el cambio de paradigma, cursando los estudios con los que me pilló todo este tinglado y el período de transformación ya iniciado en mis propios negocios no he sabido encontrar más tiempo para acabarlo antes. De hecho, en algún momento pensé en dejarlo porque no me sentía cómodo con las primeras versiones y se me hacía cuesta arriba recobrar la ilusión de volver a empezar. No quería escribir algo en lo que no creyese, igual que jamás he vendido nada en lo que no confiase. Al final he conseguido creer en mi libro y sé que hay miles... millones de personas como yo.

La primera versión era el libro que le habría encantado a mi familia y mis amigos, pero cuando decides escribir y transmitir tu experiencia y conocimientos con la finalidad de ayudar a otros emprendedores, debe ir más allá del acto narcisista de escribir tu historia. Así que, sí, este libro está escrito para ti y para los millones de emprendedores y personas que se plantean retos en el ámbito laboral, pero también en el personal.

Emprender, ser empresario y vender es lo mismo que vivir. Lo digo yo y cualquiera que se dedique a ello. Créeme cuando te digo que no hay diferencia entre montar un negocio u organizar una boda, llevar las finanzas de una empresa o las de tu casa y criar a tus hijos o a tus empleados. Todo va de responsabilidad, ilusión y valores que son lo mismo que una palabra más bonita que normas. Esos pilares son importantes y hacen la convivencia empresarial más agradable.

Bien. Comencé a escribir *El mapa del emprendimiento* una calurosa tarde de julio de 2020 con la resaca de lo vivido por la pandemia y casi con la mascarilla puesta en la última planta de mi casa, solo frente al ordenador para que no me contagiase el dichoso virus. A la postre buena añada para los nuevos emprendedores que nacieron sabiendo qué no hacer por si acaso vuelve un virus o nos cae un meteorito, aunque mala para los empresarios que, como yo, llevábamos bastantes años en el tajo haciendo cosas incompatibles con confinamientos, ERTE y crisis sanitarias y económicas a nivel global. El año 2020, para los nuevos emprendedores, fue como el vino tempranillo que busca satisfacer al consumidor sin grandes matices, de forma ágil y efusiva, y para los viejos empresarios fue como el crianza que busca ser más sofisticado y con una miscelánea de sabores y reminiscencias más pronunciada. Estos últimos son vinos más exquisitos y menos adaptables, lo que tiene un precio que suele ser alto. En fin, después de este símil enológico, que no podía dejar pasar un exadicto al vino tinto, sigamos.

Todo ha cambiado tanto desde que comencé a escribir el libro en 2020 que volvía a reescribirlo desde cero casi cada año.

Estos cuatro años de barbecho también a mí me han cambiado. Me ha tocado evolucionar y reinventarme a marchas forzadas por la situación. No he tenido tiempo ni de meter la punta del pie en el agua para ver si estaba fría y me he tenido que tirar a la piscina sin saber siquiera si estaba llena o vacía. Una pandemia, invasiones, controversias políticas, inflación, la usual usura de los bancos a la que se ha sumado la de los supermercados. Nada nuevo en el frente. Nunca hemos tenido resuello y estos años no han sido una excepción. Todo lo contrario. He tomado un millón de decisiones con las que he acertado muchas veces y otras pocas he fallado, pero ese millón de cicatrices son las que demuestran que por el camino he aprendido a no volver a equivocarme tan fácilmente. Estos años han servido para ayudarme a trazar un recorrido y seguir un patrón mejor cuando montas un negocio, por lo que es probable que tengas en tus manos, y en sentido figurado, la quinta versión de este manual de emprendimiento, dados todos los cambios que ha sufrido antes de publicarse.

La pandemia trajo bajo el brazo un «¡Sálvese quien pueda!». Se llevó los valores del esfuerzo y la superación, la educación y el agradecimiento. La estela de un cometa llamado COVID-19 ha dejado cabezas débiles y un miedo que las atrofia y que les inflige incertidumbre. Parece que hoy en día sólo existen los negocios de los que se suben al carro de las nuevas tecnologías y los chollos pasajeros, o los que quieren opositar para funcionarios porque les suena a vida estable, y estable les suena a divertido. A mí me suena a aburrido, y te lo dice alguien que con 16 años se fue a tallar para enrolarse en el Ejército y que con veintiocho pagó casi

4.000 euros en una academia para opositar para Policía. Menos mal que lo dejé a tiempo. Ya tengo el Carnaval para ponerme el disfraz y, encima, puedo beber alcohol.

Para algunos empresarios a los que nos iba bien, esa sensación de que la muerte estaba en alguien sin mascarilla, el asidero del carro de la compra o en la ropa después de salir de casa nos trajo el regalo envenenado de mirarnos al espejo y no reconocernos. Vivir pensando que ya no valías para nada. Que todo había sido un sueño y que habías tenido suerte. Obsoleto en dos semanas, tras una década de picar piedra y sacar oro cada día. Buscabas el valor para abandonar y sabías que no podías hacerlo porque eras prisionero de tu propia creación. Un proyecto exitoso ayer e insostenible hoy. Me gustaría darle reconocimiento aquí al cuñadísimo, al «Ya te lo dije» y a los de mente pobre que han abonado su triste vida alegrándose de la desdicha de personas que se jugaron tanto y que, a la vez, dieron tanto a la sociedad, que daban la oportunidad de que sus trabajadores llevasen un plato de comida a la mesa de su casa, incluso avalando créditos con su patrimonio personal. Si esto se hiciera público, se pensaría de otra manera de muchos empresarios, pero la maldita tele y este país parecen tener algo en contra de que los que se ganan la vida dirigiendo un negocio que han levantado desde la nada. Recuerda que cualquier empresario medio da trabajo a varias personas y paga muchos más impuestos que una persona que trabaja por cuenta ajena, así es que mejor que nos vaya bien, por el bien de todos.

Lo que vas a leer ahora no era santo de mi devoción, pero me recomendaron incluirlo en el libro las personas que me conocen en lo que yo llamo las tres dimensiones. Casi todo el mundo te conoce en dos; es decir, saben dónde estás y como mucho hacia dónde vas, pero pocos conocen esa tercera dimensión que cuenta de dónde vienes. En realidad, aporta contexto y sentido al libro por ese rollo de la historia de superación tras el éxito, el tipo de barrio, el que salió de la nada y tal... No me siento demasiado cómodo escribiendo sobre ello porque no me gusta recordarlo. No me da impulso que me sirva ahora. Ya no soy aquella persona, aunque es mi pasado, pero vamos, sirve para que te pongas las pilas y decirte que en esto del emprendimiento da igual cómo haya sido tu infancia y tu vida anterior. Lo que importa de veras es que te lances a por todas con tu proyecto. Así es que el pasado, pisado, y en el futuro pisa el acelerador a fondo.

Lo siguiente te sonará a que no he pasado página, pero te aseguro que no sólo eso, sino que hasta he cambiado de libro y por eso te lo cuento.

Ahora me veo bastante bien en las cenas de exalumnos de EGB, tanto física como mentalmente. El chulito es un desgraciado con problemas de alcoholemia y al guaperas no le quedan dientes ni debe tener dinero para ponérselos o alguien que le diga que le faltan piezas en la boca. En mi niñez, esos mismos venidos a menos me humillaban y me zurraban. Jamás aprendí a pasar de las burlas de aquellos críos que me atacaban en grupito, ni logré entender la insensibilidad de mi profesor tutor. Entre los unos y el otro, me amargaban la existencia hasta tomar medicación apenas con 10 años para evitar espasmos nerviosos en el estómago. Eso le dijo el médico a mi madre, aunque, como ser un chivato está mal visto, tardó en saber a qué se debía. Cuando se enteró, me dijo que les plantara cara, pero yo no era capaz. En casa no me iba mejor porque vivíamos en una montaña rusa económicamente hablando. Entre los marrones en casa y eso a lo que hoy llaman *bullying* o acoso escolar, mi infancia fue tan feliz como la del pez en la pecera que no ha conocido el mar. Me daban latigazos en el patio con la cuerda de saltar la comba como si fuera Jesucristo; mirarme al espejo era ver el reflejo de un simio, porque les dio por llamarme mono; había mil broncas en casa por las liadas de mi hermana adolescente y que mis padres discutieran por los problemas económicos era la normalidad. Mi padre y mi madre lo intentaron en esto del emprendimiento y tuvieron éxito unas veces y otras no tanto, pero lo intentaron y yo aprendí a intentarlo, por lo que les estoy muy agradecido por ello, algo que no todo el mundo puede decir.

De aquella época oscura aprendí algo valioso que decirle a mi hija, Aria, y a mi sobrina, Teresa: la infancia no es importante en el futuro si trabajas por él y jamás pierdes la esperanza de que lo mejor está por venir. No es muy alentador decirle a un crío que la niñez no importa, pero, si es lo que te toca vivir, no queda otra más que centrarse en el futuro y trabajar por hacer de él un lugar mejor para vivir.

Ser el hijo pequeño tiene ventajas y desventajas. La ventaja es que siempre tiene la culpa el hijo mayor; la desventaja, en mi caso, fue que creo que a mis padres ya no les quedaba energía, porque la problemática adolescencia de mi hermana fue más que asfixiante y les generaba tanta ansiedad que los consumió y yo que iba a rebufo tampoco ayudaba mucho, la verdad. La inquietud de unos padres que lo que más quieren es que sus hijos tengan estabilidad emocional y laboral frente a la rebeldía de unos hijos desorganizados y que vivían en el caos fue mermando la moral de mamá y papá. Esto es algo que seguro que les sucede a tantos otros que tienen como mayor legado dejar a sus hijos enfocados al futuro. Creo que nuestros padres y madres, que son de otra generación, quieren morirse tranquilos, sabiendo que tenemos un trabajo estable, buena compañía y descendencia. No es sencillo vivir así, es un reto mayúsculo cuya responsabilidad no debería pertenecerles, pero, cuando tienes un hijo, todo lo que te diga alguien que no los tiene deja de tener cualquier tipo de autoridad y credibilidad.

Mi primer gran proyecto fue casarme y me preparé bien, o eso creía, porque estuvimos de novios diez años y con 27 la esperé en el altar. Al año y poco pactamos el divorcio. Por aquel entonces yo llegué a pasar de los 100 kilos sin llegar el metro ochenta y, tras separarme, aunque sabía que era lo mejor para los dos, me pasé las noches llorando mi desdicha y mendigando atención por los foros de internet que empezaban a aflorar. Era 2007 y, después de casi doce años en pareja, no conocía la vida de soltero fuera de casa de mamá y papá. Vivía y trabajaba solo. Llevaba una furgoneta: cargaba, transportaba y descargaba paquetes. Siempre en piloto automático. Era un zombi y mis días eran monótonos. Tres veces estuve a punto de matarme al volante en mis viajes por Europa y tres veces me habría dado igual que hubiera ocurrido. ¡Qué ingrato no valorar la vida con 28 años! En aquel momento pensaba que ya lo había vivido todo, sin saber que lo mejor estaba por llegar.

Separarme fue la mejor decisión que he tomado en mi vida y seguro que para ella también lo fue. Así que todos contentos. De hecho, ya apenas recuerdo aquella vida. Es como si nunca hubiera existido, como si la hubiera soñado.

No me preguntes lo que pasó dentro de mí, pero a partir de ese momento de cambio absoluto, y por necesidad económica en plena crisis del transporte, me puse a vender enciclopedias a domicilio por 1.000 euros brutos. No me quedaba otra, había que pagar las facturas y el alquiler, así que me creí todo lo que me prometieron aquellos embaucadores, que otra cosa no, pero vender sí que sabían. Me aprendí un guion de ventas de sesenta páginas y empecé a patear las calles. A los pocos meses era de los mejores. Cambié de producto, pero empecé a escalar y a hacerme un nombre a base de resultados en el duro sector de las ventas a domicilio. Éstas son tan crudas como ir a ver a alguien que no conoces de nada, casi a puerta fría, aunque con un regalito como excusa para exponer *packs* de productos de entre 1.000 y 5.000 euros en poco más o menos una hora y media. Puedes llamarme lo que quieras, seguramente me lo merezca, pero, a pesar de la necesidad que tenía, a diferencia de otros compañeros, siempre he sido un vendedor honrado y siempre he transmitido eso a mis equipos comerciales. Considero que es lo que marca un valor diferencial en mi carrera: no haber pisado jamás a nadie para conseguir vender o subir peldaños en las empresas en las que he trabajado.

Primero fui comercial; después, jefe de equipo; más adelante, delegado y jefe de ventas, para acabar como empresario. Hoy tengo tres empresas desde 2012, 2014 y 2021. He creado distintas marcas en canales de venta tanto físicos como digitales. Desde 2013 hasta 2023 he facturado más de 50 millones de euros y he llegado a tener casi cien trabajadores directos. En la actualidad, con la empresa más reciente, y nacida digital al cien por cien, estamos presentes en cinco países y cada año crecemos alrededor de un 10 por ciento. En 2022 facturamos 550.000 euros y, en 2023, unos 650.000, impuestos aparte, en 2024 he acelerado y rondaremos el millón de euros sólo tres años después.

Lo que acabo de contarte es para ponerte en contexto de cómo se puede emprender incluso un tontolaba como era yo, que se dejaba pegar en el cole, que se casó por inercia y al que con 27 años le daba igual vivir que morir. Encima, con 28, se puso a vender libros en un trabajo rancio por 1.000 euros brutos al mes. Ésta es parte de mi historia y te parecerá mejor o peor. La verdad es que me importa poco porque no se puede cambiar y además es la que me ha traído hasta aquí. Una cosa que debes tener en cuenta, ahora que hay tanto gurú de las ventas, es que, si te han dicho que aprender de alguien se basa en si factura más o menos, que sepas que sólo son fuegos artificiales y marcar paquete para vender una falsa seguridad que tanta pasta les hace ganar a algunos. Yo no soy de ésos, aprendo de cualquiera que me quiera contar su historia y creo que cualquiera puede aprender de mí, pero, si esperas un superhéroe del emprendimiento que mea colonia, no soy tu hombre, aunque encontrarás un montón en redes sociales. Si prefieres eso, he hecho el lomo del libro bonito para que decore tu estantería.

En definitiva, todo lo anterior da igual porque, incluso para esos nuevos y exitosos emprendedores, lo que de verdad cuenta es la experiencia que se adquiere años después de emprender y que es la que contiene este libro. Espero que te sirva como punto de partida para conseguir ese reto que siempre te planteas conseguir. Si te parece que la vida es dura antes de emprender, espera a hacerlo sin un mapa. Aquí debajo tienes el mío: si sigues sus consejos e indicaciones, conseguirás convertir tu sueño en realidad.

El mapa del emprendimiento es un manual dividido en tres bloques, los tres pilares sobre los que se sostiene plantearte emprender, hacerlo bien y convertirte en un empresario de éxito. En el primero se aborda la parte emprendedora de la concepción del proyecto; en el segundo, hago el rol de arquitecto y te enseño la estructura que se debe seguir para escalar un negocio, y el mapa acaba con un tercer bloque en el que se sientan la bases para gestionar el negocio casi en piloto automático sin que pierda su identidad original.

La gran diferencia con otros manuales es que estos fundamentos empresariales se abordan al mismo tiempo que la gestión emocional, a la que deberás enfrentarte. Ésta es la más exigente y la que más cuesta gestionar en el emprendimiento a casi todo el mundo, por eso dicen que emprender es lo mismo que vivir. Más que en pedirle a la inteligencia artificial que me ayudase a describir los puntos clave de un plan de negocio, me he centrado en lo real para tener éxito en los negocios y en la vida. El resto es fácil de encontrar, y tienes infinitas fuentes gratuitas a tu alcance como don Google o el temido ChatGPT. Lo que hace especial a *El mapa del emprendimiento* es justo eso, que aborda como nunca se ha hecho en otro libro la parte empresarial y emocional juntas.

Primera parte

El despertar

1

Rompe el molde

En esta primera parte del libro conocerás los momentos previos al despertar de tu gen emprendedor. Todos llevamos un emprendedor dentro: desde tiempos inmemoriales, el ser humano es emprendedor *per se*. De soñadores que no llegan a emprender está el mundo lleno: cualquiera tiene una idea y sueña despierto con hacerla realidad. Hasta el más tonto del pueblo puede tener una buena idea. Por otro lado, existen personas que no paran de dar vueltas a proyectos y los lanzan sin otro fundamento más que alimentar su ego o demostrarle algo al mundo. No uses ese filtro de valoración para decidir emprender o no a ese tipo de personas. De hecho, no uses ese filtro ni siquiera para considerar a esas personas emprendedoras. Ser un auténtico emprendedor es sacar adelante un proyecto con tus propios medios, reconociendo y minimizando el riesgo y las consecuencias asociadas a las decisiones que tomas. El emprendimiento va de reconocer patrones y aplicarlos para salir airoso, como el escalador que abre una vía y va colocando los puntos de anclaje con mesura y precisión. Emprender va de tener tu propia fuente de ingresos extra o no, aunque sea trabajando por cuenta propia, para mejorar tu vida en el plano económico y emocional. Reflexiona sobre reconocer un patrón para interiorizar sus puntos y no sólo crear tu ruta, sino también para eliminar barreras mentales limitantes.

Y empezamos aquí.

«Pelagatos», y cito de la Real Academia Española: «persona insignificante o mediocre, de baja posición social y económica».

Cuando he leído el significado preciso de la palabra me he sentido fatal. Yo mismo fui un pelagatos durante bastantes años de mi vida, y decir que eres un pelagatos es decir que eres un cero a la izquierda. Que no sumas nada, ni fuera ni dentro de ti.

Así que a esa pregunta que te haces sobre si esto de emprender es para alguien como tú, la respuesta irrefutable es que sí y te habla el ejemplo viviente.

Te pasas la vida en el redil haciendo lo que, con la mejor intención y la peor acción, te meten en la cabeza desde que tienes uso de razón. Incluso si por un tiempo pierdes el juicio durante la adolescencia, en la edad adulta vuelves con el resto de las ovejas. Nadie te limita con mala intención. Bueno, la televisión y casi todos los políticos sí, pero es su forma de convertirnos en controlable ganado. ¿Cómo van a saber tu madre, que se jubiló trabajando en un hospital, o tu padre funcionario, y menos aún tu abuelo, que emigró a Alemania a trabajar de albañil, que hay vida más allá del trabajo por cuenta ajena? Si ése es el modo en el que ha sacado su familia adelante dignamente. Muchas de esas decisiones eran emprendimiento en su generación, porque trataron de ser su mejor versión. La verdad es que en 2025 y muchos años atrás, sin saberlo, te están adoctrinando para que sigas su mismo camino y tengas sus mismas convicciones, lo que te lleva a tener pensamientos limitantes. El amor no siempre tiene la razón. Recuerda esta frase.

El 99 por ciento de la sociedad no desarrolla su parte emprendedora y por eso no le saca partido. Somos personas programadas para trabajar por un salario fijo y se acabó. ¿Dónde queda la emoción de intentarlo en algún momento? La monotonía está sobrevalorada y la estabilidad es etérea. Ambas son demasiado aburridas como para ser las dueñas de tu vida. Dale la misma oportunidad y prueba siquiera un poquito para explorar tu parte emprendedora. Sin duda, te llevarás una grata sorpresa: el genuino perfume de la libertad.

Durante muchos años he emprendido negocios y proyectos. Muchos. Algunos han salido mejor y otros peor, tampoco tenía la experiencia que tengo ahora que escribo este libro. La realidad es que me gustaba tanto la sensación del trayecto que el objetivo pasaba a un segundo plano. Pasó a ser como subirme a un *ring*: cuando ya sabes lo que es que te den una buena hostia, pierdes el miedo a volver a subir y aprendes a esquivar para aprovechar la ocasión de golpear. Sabes que te pueden hacer daño, pero no tienes ese miedo atroz que tienen los demás a pensar que emprendiendo puedes morir en el intento. Pensar eso es una calamidad. He tratado de despertar el gen emprendedor en mis amigos; de hecho, en mi mejor amigo, en mi familia. «Yo te ayudo en lo que sea, no tengas miedo y verás el cambio que da tu vida», les he llegado a decir. El resumen es que la resistencia a conseguir algo mejor es brutal. Resistirse a ser feliz. A intentarlo. A conocer la otra cara de la moneda. No les culpo, es difícil cambiar la cultura laboral de las personas.

Nos han grabado a fuego que no somos más que mano de obra, y en eso estamos, aunque lo disfracemos de horario flexible, teletrabajo o dos meses de vacaciones. Considero cruel vivir de las migajas teniendo un suculento manjar por descubrir. Cuando he conseguido que alguien se atreviera a salir de la jaula, en dos o tres meses su vida ha mejorado en todos los aspectos, tanto económicos como de autoestima. Hacer lo que te hace feliz, ganar más dinero y ser dueño de tu tiempo.

¿De verdad esto no merece la pena para ti?

Este capítulo marca el inicio de un viaje hacia el autodescubrimiento emprendedor, despertando el gen que todos llevamos dentro. Emprender no es sólo tener ideas; se trata de asumir riesgos, tomar decisiones con sentido, y romper las limitaciones mentales que nos atan a un sistema que no fomenta la verdadera libertad. La rutina y la estabilidad nos han convertido en «pelagatos», conformándonos con lo mínimo y negándonos la oportunidad de vivir con propósito y autonomía. Desarrollar nuestra parte emprendedora es un acto de valentía que nos libera de las expectativas ajenas y nos permite explorar la plenitud de vivir según nuestros propios términos. El reto es asumir este cambio, superar el miedo y abrazar la emoción de intentarlo, encontrando en cada paso la esencia de la libertad y el genuino sabor del éxito personal.

¡Vamos a ello!

2

Más allá del producto

Más importante que ganarte la vida trabajando por tu cuenta es el poder de tener un propósito. En serio, ya sé que suena ñoño, pero no lo digo sólo yo, también lo dice en sus libros y vídeos el magnífico divulgador y muy admirado Simon Sinek. Él lo llama «porqué». Coincido plenamente en que es más importante la motivación para hacer las cosas y el modo en que las haces que lo que haces en sí mismo. Tener un propósito es lo que te dará el impulso necesario para superar los obstáculos y perseverar cuando todo parezca difícil.

Imagina que vendes un producto o servicio X. Cualquiera puede hacerlo, pero la diferencia estriba en cómo lo envuelves y lo fabricas, lo que, a su vez, está motivado por tu propósito. Lo que te diferencia nunca es el producto en sí mismo. Ésa es la diferencia de las empresas que calan de verdad en sus clientes y los convierten en fans. Recuerda: no es sólo una transacción, es una conexión auténtica con tu cliente.

Para vender se dice que tienes que ir al punto de dolor de tu potencial cliente, al tuétano, que duela como al estornudar si tuvieras reuma.

En marketing se habla de *pain point*, traducido del inglés como «punto de dolor», cuando se detecta un sufrimiento o carencia que experimenta tu audiencia al consumir un producto o servicio. En definitiva, es aprovechar esa brecha por la que podamos desarrollar una solución que alivie o, en el mejor de los casos, elimine ese punto de fricción a través de una mejora en el producto o servicio, ya sea nuestro o de la competencia. Identificar estos puntos de dolor no sólo mejora tu oferta, sino que también establece un compromiso con el cliente de comprender y satisfacer sus necesidades.

Ésa es una oportunidad en el mercado sobre la que construir nuestra propuesta y atender mejor y de un modo más adecuado esa necesidad. Si tiras del hilo de ese punto de dolor, verás que al final de él se encuentra el valor real que aportas al mercado en forma de oportunidad. Si sigues tirando un poco más de él, cuando el hilo se tense y casi se rompa, encontrarás alineado tu propósito no sólo con el valor que aportas, sino con la diferenciación de tu producto o servicio.

Mira, tienes un ejemplo en el «punto de dolor» que Airbnb identificó en el alto coste y la falta de personalización en la experiencia de alojamiento en las opciones que existían hasta que ellos irrumpieron en el mercado. Las personas querían viajar y conocer nuevas culturas, pero las opciones de hospedaje eran limitadas y caras. Airbnb aprovechó esta necesidad ofreciendo una alternativa única: alojarse en casas de habitantes locales, con opciones para todos los presupuestos. Su propósito no era sólo «alojar», sino crear conexiones genuinas entre huéspedes y anfitriones y ofrecer experiencias auténticas.

¿Cómo beneficiarte, sentirte completo y aportar valor real al mercado a través de tu propósito?

Marcas como Apple o Disney comunican a través de sus productos o servicios de forma muy potente. No digo que sean perfectas y es cierto que tras esa comunicación siempre se esconde la identidad de su marketing. Entonces pierde algo de *glamour* porque descubres el cartón piedra, pero su comunicación pivota alrededor de un propósito claro que está grabado a fuego desde que se fundaron y eso las mantiene auténticas y genuinas en su forma de expresarse. Jamás abandonan la órbita de su misión original. Miles de empresas venden móviles y películas, pero casi ninguna conecta con su público como lo hace Apple con sus dispositivos o Disney con sus historias. Ése es el motivo por el que lideran el mercado por mucha diferencia. Cuando comunicas tu propósito de manera clara, inspiras confianza y fidelidad en tu audiencia.

Te doy algunos ejemplos como cuando Apple lanzó el iPhone, no sólo vendió un teléfono móvil, sino una herramienta para revolucionar la forma en que nos conectamos y comunicamos. La campaña «Piensa Diferente», de la campaña original en inglés «Think Different», refleja su propósito de desafiar el *statu quo* y empoderar a las personas creativas. A lo largo de los años, Apple ha mantenido este propósito, comunicando que sus productos son para aquellos que piensan de forma innovadora y buscan transformar su entorno. Este enfoque no sólo vende tecnología, sino una visión de individualidad y cambio, lo cual crea una conexión emocional duradera con sus clientes. En el caso de Disney, desde sus inicios, se ha dedicado a «crear felicidad», y lo hacen a través del amplio canal del entretenimiento, no sólo de películas. Este propósito está presente en todo lo que hacen, desde sus películas hasta sus parques temáticos. Por ejemplo, al diseñar Disneyland, Walt Disney imaginó un lugar donde familias y amigos pudieran crear recuerdos mágicos y escapar de la realidad. Esa misión de crear momentos inolvidables es el motor que ha impulsado a Disney a ser líder en entretenimiento familiar, y es la razón por la que la marca conecta tan profundamente con personas de todas las edades. También a través de compras estratégicas de licencias que permiten cerrar el círculo desde que eres niño hasta que los tienes y sigues enganchado a la marca.

Busca tu propósito y conecta fuertemente con tu mercado a través de ese propósito; no hace falta ser enorme como Apple o Disney, ni siquiera soñar serlo, aunque sea gratis. Estas compañías, en sus inicios, fueron tan minúsculas como tu pequeño proyecto, no lo olvides. Con un propósito auténtico, incluso el proyecto más pequeño puede hacer una gran diferencia en la vida de otros. Si tu negocio refleja un propósito sincero, lograrás conectar con el mercado y las personas que lo componen te lo agradecerán escogiéndote.

Que todas las empresas deberían fundarse para aportar valor a la sociedad es tan cierto como que eso no ocurre casi nunca. Ésta debería ser una premisa innegociable. El problema es que muchos empresarios empiezan la casa por el tejado, esto es, pensando en exclusiva en el dinero que van a ganar. Esto acaba haciendo incompatible el equilibrio entre ganar dinero y ayudar a la sociedad. Ganar dinero ayudando con lo que vendes es lo más honrado que existe en este mundo. Hacer las cosas bien y con propósito genera riqueza en todos los sentidos: en lo económico, en lo social y en lo personal. Lo que no es decente es mentir, vender humo o algo en lo que ni siquiera crees tú mismo, como por ejemplo hacen algunos que se venden a sí mismos para aprovecharse de las frustraciones de las personas y se enriquecen a costa de vender la fórmula del éxito. Si existiera, no la venderían, se la quedarían para ellos y más si su objetivo único es enriquecerse.

Encuentra un propósito que te empuje y te empodere, que te llene de energía de la cabeza a los pies, que haga que te mires en el espejo y digas: «Voy a ser el mejor carpintero, consultor, programador, peluquero, sexador de pollos» o lo que sea que desees. Pero enamórate de lo que hagas y, por favor, no lo hagas tan aburrido como el resto. Encuentra la chispa que encienda tu pasión y haz de cada día una oportunidad para ser mejor. Estás obligado a disfrutarlo.

Recuerda: el dinero no es más que una consecuencia de hacer aquello en lo que crees. Así es como llegará a ti a montones y no dejará de hacerlo: mientras cuides del mercado. Te lo digo yo, que he visto caer torres altísimas con muchos más recursos que yo. Y, sin embargo, yo sigo en pie y ellos no. La estabilidad verdadera es aquella que construyes con propósito y dedicación, sin importar las tormentas externas.

Emprender con propósito es lo que verdaderamente diferencia a tu negocio exitoso de uno que sólo busca beneficios económicos. Un propósito claro te permite conectar de manera auténtica con tu audiencia y ofrecer soluciones que realmente impacten sus vidas. Esta conexión genuina no sólo impacta positivamente en lo económico a medio y largo plazo, sino que te llena de orgullo y satisfacción, como diría aquél, al ver cómo tus esfuerzos contribuyen al bienestar de otros. Aportar valor desde la integridad y la empatía hace que el emprendimiento sea una experiencia significativa, transformando tanto tu vida como la de quienes confían en ti.

Al final, tener un propósito claro no sólo se trata de hacer algo que te guste, sino de encontrar ese punto exacto en el que tu pasión, tus habilidades, lo que el mundo necesita y lo que te pueden pagar se encuentran. Los japoneses lo llaman *ikigai*, y se traduce como «la razón de ser» o «la razón para levantarse cada mañana». El *ikigai* es una combinación poderosa que da sentido y dirección a tu vida, y es especialmente importante en el emprendimiento. Cuando trabajas en algo que amas, lo que haces cobra sentido y, además, te impulsa a ser mejor y a superarte cada día. Es una motivación profunda que te permite disfrutar del trayecto y hacer frente a los desafíos con más energía y optimismo. Cuando lo que haces te llena y tienes la habilidad para ello, el trabajo deja de ser una carga y se convierte en una parte natural de tu día a día. Emprender desde el *ikigai* significa que no sólo generas ingresos, sino que aportas algo valioso y genuino al mundo, algo que tiene sentido y que conecta con tu esencia, tu propósito.

Encontrar tu *ikigai* puede requerir un poco de tiempo y la tan necesaria previa reflexión, pero una vez que lo descubres, tu trabajo se vuelve más gratificante. Un propósito alineado con tu *ikigai* es la base de una vida y un negocio sostenibles y satisfactorios. Te deseo que encuentres esa pasión que te mueva y que la conviertas en el motor de tu proyecto, porque ésa es la clave para que tu emprendimiento no sólo sea exitoso, sino también pleno y duradero.

3

Momentos gatillo

No existe buen momento para emprender. Siento decírtelo, pero es así. Es más, si tratas de encontrar el momento ideal constantemente, lo que conseguirás es postergarlo cada día un poco más, cargarte de ansiedad y acabar deprimiéndote. Como posponer indefinidamente algo mientras sigues atrapado en la rutina.

La buena noticia es que tampoco existe un mal momento para emprender; cualquier momento puede ser el adecuado si realmente lo deseas.

Primero, adopta una emoción más amable respecto al emprendimiento: no es áspero, ni duro, ni doloroso. Dedicar gran parte de tu tiempo a hacer lo que te gusta y adaptarlo para que encaje con tu forma de entender la vida lo hace agradable, y te hace sentir completo, te lleva a la verdadera realización laboral. Cierto es que tendrás tus momentos de debilidad o de dolor, pero, en definitiva, como en cualquier otro trabajo. Piensa en los funcionarios mayores de 50 años y dime si has visto a alguno sonreír en su trabajo.

Existen ciertos momentos en la vida que actúan como disparadores de introspección y el consiguiente cambio, impulsándote a emprender. Éstos pueden clasificarse en tres tipos y yo los he vivido como te cuento: inspiración, oscuridad y cansancio.

Inspiración

Es ese momento de empoderamiento que sientes al escuchar a otras personas hablando de sus propios proyectos o cuando ves a algún ser cercano feliz con su negocio. ¿Por qué tú no? ¿Qué te hace menos que esa gente? En serio, lo que tú crees que te falta, en realidad ya lo tienes y, si algo caracteriza al ser humano, es que somos únicos y genuinos. Quizás lo que sientes que te falta lo compensas con otra virtud o don que esa persona a la que hoy admiras no posee. Yo he padecido el síndrome del impostor, me he autosaboteado y pensado que soy menos que cualquiera, pero hasta pasarse de humilde es una virtud que no abunda y te hace ser mejor porque te empuja a seguir aprendiendo, a escuchar, a reflexionar y a ampliar tus áreas de conocimiento. Eres único e increíble, no lo olvides.

La primera vez que decidí dejar mi trabajo estable, con un buen sueldo y una oferta de ascenso sobre la mesa, fue para hacerme autónomo. Tenía en mente a un familiar que trabajaba como autónomo en el transporte. Siempre sonriente y ajeno a las malas noticias de los telediarios. Él vivía tranquilo y parecía tener el control de su vida. Me costó que su hermano, que tenía contactos en la empresa, finalmente entregara mi currículum. A base de insistir lo conseguí, y aquello me abrió la puerta a una entrevista. Me dieron la peor zona de reparto, una auténtica pesadilla, pero lo importante es que ya estaba dentro. Él fue mi inspiración: con un trabajo convencional, pero una facturación que le daba el doble de salario neto trabajando las mismas horas que yo en mi empleo. Así probé por primera vez las mieles de ser autónomo. No había tantas facilidades como ahora, pero aun así compensaba. Los fines de semana, si quería más dinero, tomaba servicios adicionales para otras empresas o para particulares que necesitaban mover trastos grandes y, en medio día, ganaba lo suficiente para darme un buen capricho o una escapada de fin de semana. Ahí entendí la gran diferencia de trabajar por cuenta propia: era como pasar de un muro vertical a una pendiente ascendente en cuanto a sueldo y horario. Antes de que te pongas escéptico, déjame aclarar que sé muy bien lo que implica ser autónomo: las cuotas, las retenciones, la gestoría y todo lo demás. Pero, te lo aseguro, compensa. Un autónomo que sabe poner el precio adecuado a sus servicios o productos gana, como mínimo, el doble que casi cualquier asalariado. Podríamos hablar largo y tendido sobre este tema, pero la conclusión es que cualquier profesión, bien estructurada y con esfuerzo, rinde mucho más por cuenta propia. Claro, si no haces nada o procrastinas, hasta mi hija con su paga semanal de 5 euros te superará en ingresos. Porque, en el fondo, ser autónomo requiere la misma responsabilidad que ser tu propio jefe y no puedes permitirte rascarte las bolas en lugar de hacer tu trabajo. Ni por cuenta ajena, ni siendo autónomo.

Oscuridad

El mejor, mi favorito, el idóneo y el más poderoso, pues nada teme el que nada puede perder: emprender desde la oscuridad absoluta, cuando las paredes se te caen encima y has tocado fondo. Aprovecha la pureza de estar vacío para llenarte de energía renovada, impúlsate contra el fondo y emerge como nunca. Perdona que sea tan efusivo, pero te hablo desde la propia experiencia. Nada te forja tan duro como sentir la oscuridad a tu alrededor. Este disparador es tan potente porque no hay elección posible. Cuando todo está perdido, sólo te queda empezar de nuevo.

Después de mi primera etapa como autónomo, dos años después, terminé soltero de nuevo. No fue por el trabajo, simplemente mi expareja y yo no éramos compatibles; cosas de casarse demasiado jóvenes. Poco después llegó la crisis del transporte, y yo, en lugar de ponerme a buscar alternativas, andaba más enfocado en distraerme y salir de fiesta tras doce años de relación. Las deudas comenzaron a acumularse, no porque derrochara, sino porque la empresa para la que trabajaba estaba perdiendo clientes, y yo no moví ficha a tiempo para buscarlos en otro lugar.

Finalmente reaccioné en 2007, y como para mí retroceder nunca es una opción, decidí lanzarme al transporte internacional. No en avión ni en barco, nada de eso: me compré una furgoneta enorme y me recorrí Europa repartiendo lo que fuera —piezas, neumáticos, telas, perfumes— para ganar lo necesario. Tenía que cubrir la hipoteca que aún compartía con mi ex y el alquiler del piso donde me estaba quedando mientras resolvíamos el divorcio. Emprendí desde la absoluta oscuridad, porque necesitaba tanto dinero que trabajando por cuenta ajena nunca habría llegado a cubrirlo.

Cansancio

Sentirte agotado con la vida que llevas es un momento ideal para emprender. Lo reconocerás porque sientes que envejeces antes de tiempo —como me ocurrió a mí, sintiéndome viejo a los 28 años. Sobrevives con las sobras y sueñas con merecer algo mejor. Este cansancio puede impulsarte, pero no caigas en la trampa de creer que mereces conseguirlo sin esfuerzo sólo porque no te gusta lo que tienes; cada logro exige dedicación. He visto caer a personas valiosas que subestimaron el emprendimiento. Lo intentaron mal, como quien no intenta algo convencido y quedaron atrapados en el autoempleo para siempre. Eso tiene tintes de emprendimiento, pero no te convierte en empresario, debe ser sólo una etapa de tránsito como en mi momento de inspiración.

La diferencia es clave: el empresario construye un negocio que opera sin su presencia diaria, mientras el autoempleado depende de estar presente cada día y eso con el paso del tiempo te devuelve al cansancio. El autoempleo reúne las desventajas de ser empleado con las obligaciones del empresario, pero sin la libertad del auténtico emprendedor: poca recompensa y mucha responsabilidad. Existen excepciones, claro, pero es importante diferenciar entre un autoempleado y un empresario real.

La tercera vez fue la mejor. Cada vez que pienso en ella, se me escapa la risa. En serio, ahora mismo hasta me cuesta escribir porque me río solo. Corría 2012 y monté mi primera empresa en condiciones. Una Sociedad Limitada Unipersonal (SLU), que es como una SL, pero de un solo accionista. Al final nadie pone

SLU, todo el mundo pone SL, tenga uno o cien accionistas, tampoco es importante. Bueno, hay un notario que dice que es importantísimo, porque ponerlo mal puede anular incluso contratos si no pones SLU si eres accionista único. La barrila que me dio el tío cuando fui a firmar con él en plena pandemia. En fin, que para el caso son lo mismo. Abres una cuenta, pones 3.000 euros a modo de capital social de la empresa, vas al notario a firmar las escrituras y punto pelota. Ya eres empresario. Ése fue el primer negocio que monté, harto de vivir soportando al paleto de mi jefe. Emprendí por cansancio, porque no me sentía realizado trabajando en la empresa de aquel tipejo y eso cansa el doble. Me fui yo, no me echó. Estar allí era como trabajar dos jornadas en un día. Bueno, en realidad algunos días era así. En fin, cosas del pasado...

Entonces, cualquier momento puede ser propicio para emprender si tienes convicción y planificación.

¿Qué momento gatillo estás experimentando ahora? Reflexiona sobre tu situación actual y decide si es hora de emprender.

El mejor momento para emprender no depende de circunstancias externas, sino de tu determinación para cambiar de vida. Ya sea en la inspiración, el cansancio o la oscuridad, cada momento es una oportunidad.

4

El mito de la edad

Vivimos en una época en la que parece que, si no has emprendido antes de los treinta, tienes miles de seguidores en redes sociales y un discurso disruptivo que cree polémica, ya eres demasiado viejo para complicarte la vida con esto de montar tu propio negocio. La velocidad a la que vivimos hoy nos ha hecho subestimar el tiempo, creyendo que nos sobra porque somos una generación con la esperanza de vida más larga hasta la fecha, pero la realidad es que cada día cuenta, y debes aprovecharlo, no desperdiciarlo como si fuera un recurso interminable, porque se acaba y cuando te pilla sin haber vivido es cuando te das cuenta de ello. Saber que el tiempo es limitado no significa vivir de despedida de soltero de lunes a domingo, porque tu hígado no llegará a los 40, pero sí entender que el tiempo no es un lujo para dilapidar viviendo como figurante de tu propia vida. Emprender no tiene que ver sólo con los jóvenes ni tiene que llevarte a buscar «el pelotazo» a toda costa. Sí, quiero que los jóvenes se lancen y sean ambiciosos, que vean en este libro un impulso, y que aprovechen la ventaja de tener menos responsabilidades. Faltaría más que tuviera que justificar que creo en la generación que viene, pero si te encuentras ya con canas o con una familia que mantener como yo, este libro también es para ti. Porque emprender no es exclusivo de una edad ni está restringido a quienes empiezan de cero rozando los 50 o los 60 como yo.

La afirmación de que el emprendimiento es sólo para los jóvenes es un mito, tanto como lo es la idea de que tener una familia es un freno. Conozco a muchos emprendedores que convierten a sus hijos en un motor de fortaleza, y te aseguro que nunca es tarde para construir algo propio. No se trata de complicarse la vida, sino de hacerlo con un plan inteligente que encaje con tu vida personal.

Un ejemplo muy cercano y del que me siento superorgulloso lo tengo en mi propia madre, quien a los 50 años fundó una empresa de limpieza desde cero. Primero como autónoma y después pasando a ser una Sociedad Limitada, cosa que te recomiendo cuando empieces tu propio negocio. No era su primer intento; venía de dos negocios que no prosperaron por factores fuera de su control. Se había quedado no sólo sin dinero, sino con deudas importantes que había acumulado tras los problemas financieros de la empresa de mi padre. Sin embargo, con el tercer intento, lo logró. Mi madre construyó un negocio que le permitió salir de las deudas, vivir cómodamente y hasta darse el gusto de comprar el solar donde se encontraba la casa de su infancia para construir encima de las ruinas su propia casita para pasar parte de su jubilación. Tenía un objetivo más allá de sacar a su familia adelante.

Empezó trabajando físicamente en su empresa de limpieza, como una más entre las casi diez empleadas que llegó a contratar. Durante años hizo de empresaria y trabajadora, navegando como pudo en el autoempleo que te comentaba en el capítulo anterior. Gestionaba las compras y cargaba su furgoneta a las cinco de la mañana, limpió escaleras durante ocho horas y por las tardes buscó clientes hasta consolidar una buena cartera de ellos, con la que por fin pudo delegar el trabajo físico y dedicarse a la gestión del negocio. Hasta el día de hoy, justo en la mitad entre los 70 y los 80, recuerda esos años con orgullo, y al verla a ella recibirnos con su bata blanca y el logo de una bruja encima de una escoba cuando vamos a visitarla o ver a mi hija dibujar en las hojas con el logo de su antigua empresa, pienso en la fortaleza y el ejemplo que dejó. Ése es el verdadero espíritu emprendedor, lejos de las promesas de libertad financiera y ganancias fáciles.

Nos sacó adelante a todos y papá se jubiló trabajando en un puerto, cerca del mar, ese que tanto ama y en donde tuvo unos últimos años de sosiego que también merecía. Mi padre es una buena persona y se esforzó mucho por hacerlo bien, pero tuvo mala suerte por vivir en un mundo en el que abunda la mala gente. No supo seguir las reglas de la crueldad de algunos tramposos y finalmente el pez grande se comió al pequeño, que era la empresa de mi padre. Nada más, papá. Eso es lo que pienso de verdad cuando recuerdo por qué no te fue bien en tu negocio, y más ahora con la perspectiva que me da el haber vivido la bondad y la ingratitud de ser empresario.

En un mundo lleno de inteligencia artificial, consultorías e inversiones digitales, el esfuerzo y la pasión siguen siendo el núcleo de todo. Mi madre, una persona que no fue apenas al colegio, aprendió desde joven a sacar el doble de valor de cada esfuerzo. Esa experiencia y el sacrificio que cargó en su espalda literalmente en forma de cubos de agua, desde niña, hicieron que apreciara cada logro, aunque hoy le pasan factura en su salud, pero no en su satisfacción personal.

Así que no digas que eres demasiado mayor o que tienes responsabilidades importantes. La edad no es más que una excusa, y si tienes objetivos y metas, no importa si tienes 20, 40 o 60 años. Lo que importa es el compromiso y la voluntad de luchar por algo propio.

La edad trae ventajas que los jóvenes aún no han adquirido: experiencia, empatía y sabiduría. Emprender no es diferente de la vida misma; requiere organización, responsabilidad y control financiero, algo que quienes tienen una familia entienden bien. No tienen la impulsividad del joven que arriesga todo en una apuesta, pero sí el conocimiento profundo de lo que significa tomar decisiones con cabeza y corazón.

Cuando te decides a emprender, rara vez encontrarás un ejército de personas apoyándote. Lo normal es que haya escepticismo, que algunos te cuestionen o que incluso intenten desanimarte. Pero recuerda: el primero que debe creer en ti eres tú. Ése es el ingrediente que distingue a quien se queda tirado en el camino de quien avanza.

Para cerrar este capítulo, uno de los más reflexivos del libro, quiero recordarte que la edad no está en tu Documento Nacional de Identidad. La juventud o la vejez son estados mentales. Mientras mantengas la pasión y el compromiso, siempre tendrás lo necesario para emprender. Hagas lo que hagas, dedícate a aquello que verdaderamente te apasione: ésa es la forma de sacar lo mejor de ti mismo, de descubrir capacidades que desconocías y de lograr lo que te propongas.

La humildad no debe confundirse con mediocridad. La humildad es reconocer que siempre puedes aprender, mientras que la mediocridad es aceptar no dar lo mejor de ti. Con humildad y perseverancia lograrás lo que te propongas.

5

El comando mágico

Todos hemos sentido la frustración de un ordenador bloqueado, con la bolita de colores girando sin parar. Ya sea por exceso de programas abiertos o por un sistema sobrecargado, sabemos que ha alcanzado su límite. Su hardware simplemente no da para más. Puede ser que el sistema esté desbordado por tareas o que su hardware ya esté obsoleto para las demandas actuales. Sea cual sea la razón, le estamos exigiendo más de lo que puede dar y como en la vida, sobrecargar tu capacidad lleva a bloquearlo todo.

Otro problema común en los ordenadores es directamente el software que, aunque vaya sobrado de hardware, puede ralentizar el sistema o llegar a bloquearlo. Esto sucede cuando el sistema operativo está desactualizado o si el disco duro está saturado de archivos corruptos o «basura digital». Y a veces es un problema de seguridad, un virus o *malware* que se cuela y empieza a afectarlo todo haciendo parecer una reliquia, en el mal sentido, a esa bestia de miles de euros más propia de un *gamer*.

Aquí es donde entra en juego el «Comando Mágico»: una combinación de las teclas Control + Alt + Suprimir que todos los usuarios de Windows conocemos y hemos tenido que usar más de lo deseado. Este comando permite acceder al administrador de tareas, una herramienta que nos ayuda a cerrar procesos innecesarios y restaurar el rendimiento del sistema. Lo que quiero transmitirte con esta analogía es que, de la misma forma, puedes gestionar tus propios recursos personales, eliminando lo que no aporta valor y enfocándote en lo que realmente importa.

Imagina que tu mente es como el administrador de tareas de un ordenador. Cuando consideras si un proyecto tiene cabida en tu vida, tu mente comienza a calcular recursos, igual que el administrador de tareas. Observa los procesos que tienes abiertos, los recursos que consumes en cada actividad y la forma en que esto afecta a tu rendimiento general. Al igual que con el ordenador, puedes seleccionar aquellas tareas innecesarias y cerrarlas para liberar espacio y energía. Esto, bien ajustado, siempre mejorará tu capacidad de rendimiento.

Para dar otro ejemplo: Apple ha alcanzado su éxito no porque sus productos sean tecnológicamente superiores, sino por la forma en que gestiona sus recursos a través de su ecosistema. Sus dispositivos están protegidos por un sistema cerrado que evita la sobrecarga y optimiza el rendimiento. Al limitar el acceso de aplicaciones de orígenes desconocidos, Apple maximiza la eficiencia de sus productos, manteniendo su desempeño a largo plazo. Esto es lo que hace a sus dispositivos más rentables, por su durabilidad debido a una obsolescencia más tardía. La clave no está en la tecnología en sí, sino en la gestión que se haga de ella.

Del mismo modo, al emprender, debemos optimizar nuestra energía y recursos para mantener un rendimiento alto. No se trata de ser un genio, sino de saber gestionar tus capacidades, y eso se logra aplicando el Comando Mágico en tu vida: eliminando distracciones y enfocándote en lo que te acerca a tu objetivo.

Funciona como un Mac: si entra «basura» en forma de ruido en tu cabeza, elimínala. Si es tarde, pulsa Control + Alt + Suprimir. Reflexiona, elimina lo que no aporta y enfócate en tu objetivo. Este principio vale tanto en los negocios como en la vida. A menudo, quemamos tiempo y energía en cosas que realmente no deseamos hacer o en agradar a personas que no valoran nuestro esfuerzo. Sin embargo, el tiempo es el tesoro más valioso y limitado que tenemos. No gastes tu tiempo en cosas innecesarias; fórjate como emprendedor alrededor de esta idea, y no te preocupes por ser un genio, porque todos los que ves como genios simplemente saben sacarse partido mejor. La verdadera inteligencia reside en la capacidad de simplificar y enfocar.

Antes de lanzarte al emprendimiento, toma un momento para «pulsar el Comando Mágico» en tu vida. Haz una revisión sincera de todo aquello que ocupa espacio y consume tu energía sin aportarte valor. Deja ir lo innecesario y enfoca toda tu capacidad en tus objetivos. Hacerlo es fundamental no sólo para tu éxito profesional, sino para vivir una vida más plena y desahogada.

Cuando decides emprender, tu vida cambia. Es una gran responsabilidad, y debes estar emocionalmente listo para asumirla. La gestión emocional es una habilidad clave en el emprendimiento, y por eso forma parte de esta primera sección del libro, que busca ayudarte a desarrollar una mentalidad sólida y equilibrada. Ignorar este aspecto puede llevarte a fracasos que no sólo duelen a nivel profesional, sino personal.

Emprender sin preparación emocional es como decidir escalar el Everest sin el equipo adecuado. La aventura será dura, y sin preparación podrías fracasar antes de empezar. Planifica, busca apoyo cuando lo necesites, y da cada paso con una visión clara y confianza en tus capacidades. La humildad de reconocer tus limitaciones es el primer paso para despertar tu verdadero potencial emprendedor.

Sé por experiencia propia que cuesta aplicar estos principios y que suena «teórico» para alguien que quiere acción inmediata. Incluso si eres el tipo de persona que se basa en procesos y que lo parametriza todo, levantar un negocio no depende sólo de eso. Da igual si eres un dechado de talento: vas a necesitar gestionar tus emociones porque, si lo haces bien, son un valor añadido muy importante para conseguir el éxito.

Asimilar el desasosiego de ser un novato en el emprendimiento es como conducir por primera vez solo tras obtener el carné. Lleva tiempo sentirse seguro y saber que no olvidas algo importante para lanzar tu proyecto o escalar tu negocio. Este libro es tu guía, un «mapa» que, si sabes prestar la atención necesaria a cada rincón de sus palabras, te brindará toda la información y te acompañará para siempre con consejos necesarios para que desarrolles un plan sólido. Creer en ti mismo es el primer paso.

Convertirte en empresario es como pasar de ser hijo a ser padre o madre. De repente, dejas de buscar consejo y comienzas a darlo. Las motivadoras palmaditas en la espalda se convierten en la crudeza de los resultados. Entiendes que el dinero se gana sólo si eres capaz de aportar un valor real al mercado, cumplir con las expectativas de los clientes y saber cómo monetizarlo.

Si las cosas en tu negocio van mal, no tendrás sueldo, sino deudas. Es un vértigo que provoca incertidumbre, pero es uno de los bloqueos que debes eliminar de raíz. Teclea el Comando Mágico de Control + Alt + Suprimir y sigue adelante. No te atormentes pensando que podrías fracasar o decepcionar a los tuyos. Sigue este mapa y mantén la confianza en ti mismo.

Si logras que tu negocio funcione, la satisfacción es incomparable. Saber que has creado algo valioso, algo por lo que las personas están dispuestas a pagar y conseguir vivir de ello holgadamente, es una sensación indescriptible. Sin embargo, este éxito también puede despertar el síndrome del impostor, haciéndote dudar de si realmente lo mereces. Recuerda que cada euro ganado es el resultado de tu trabajo y dedicación, y que el mercado es el juez más imparcial. Este síndrome, aunque incómodo, es una bendición: te empuja a mejorar continuamente y a no estancarte.

Antes de sumergirte en el mundo del emprendimiento, es clave que tengas herramientas mentales y emocionales que te permitan navegar los desafíos con confianza y claridad. El éxito de tu proyecto no sólo dependerá de tus habilidades técnicas o de tus conocimientos, sino también de cómo manejes las barreras internas y ajustes tu enfoque hacia el progreso constante. Estas herramientas serán tu apoyo para mantenerte enfocado, superar obstáculos y aprovechar al máximo cada paso que des en este camino.

Aquí tienes las siete herramientas y recomendaciones prácticas que debes usar a modo de resumen:

1. Identifica y elimina cualquier bloqueo mental o personal que te limite

A menudo, los emprendedores enfrentan bloqueos mentales que pueden parecer pequeños, pero que limitan su potencial de forma significativa. Pensamientos como «no soy lo suficientemente bueno» o «quizás esto no es para mí» son ejemplos de bloqueos que te frenan sin darte cuenta. Identificar y superar estas barreras es fundamental para avanzar, porque cualquier creencia limitante puede convertirse en un obstáculo paralizante.

Reconocer las creencias limitantes es el primer paso; desafiarlas es el segundo. Pregúntate: «¿Esta creencia me impulsa o me frena?» y trabaja en sustituirla por una que te motive.

2. Establece un enfoque renovado, alineado con objetivos claros y alcanzables

Sin un objetivo claro, cualquier esfuerzo puede sentirse disperso y poco productivo. Al definir metas precisas, puedes enfocar toda tu energía en aquello que realmente impulsa tu negocio. Emprender es trazar un mapa; necesitas puntos de referencia claros para saber hacia dónde te diriges y cómo vas a medir tu progreso en el camino.

Recuerda que un objetivo claro es específico, medible y relevante para tu visión. Establece metas que te lleven paso a paso hacia tu visión final, revisándolas regularmente.

3. Dedica tu energía a tareas que realmente aporten valor a tu proyecto

En el día a día de cualquier emprendedor es fácil perderse en las tareas urgentes que surgen constantemente. Sin embargo, es vital dedicar tiempo y energía a aquellas actividades que realmente aportan valor a tu negocio, esas que construyen un futuro sostenible. Recuerda, lo urgente no siempre es lo importante, y lo importante es lo que te llevará lejos.

La efectividad no está en hacer más, sino en hacer lo que importa. Pregúntate al comenzar el día: «¿Esta tarea me acerca a mi objetivo?» y actúa en función de la respuesta.

4. Diseña un plan estructurado y busca apoyo cuando sea necesario

Hasta los emprendedores más experimentados necesitan un plan estructurado que los guíe. Emprender es una tarea compleja, y un buen plan te permite dividir el trabajo en pasos más manejables. A veces, el apoyo externo es necesario para mantener la claridad y la objetividad, especialmente cuando te encuentras en situaciones que requieren experiencia o conocimientos adicionales. Reconocer cuándo buscar apoyo es una fortaleza, no una debilidad.

Tener un plan te proporciona dirección, pero pedir apoyo cuando lo necesites es una muestra de fortaleza y humildad. Conecta con personas que hayan recorrido este camino y aprende de su experiencia.

5. Desarrolla una gestión emocional sólida para enfrentar desafíos con resiliencia

La inteligencia emocional es uno de los pilares más subestimados del éxito empresarial. Aprender a gestionar tus emociones te permite enfrentar desafíos sin perder el enfoque y mantener la motivación incluso cuando las cosas se complican. La resiliencia es una habilidad que te ayuda a superar las dificultades y aprovecharlas como experiencias de aprendizaje en lugar de fracasos.

El control emocional no es innato, se entrena. Practica la pausa ante situaciones complejas: respira, analiza y actúa sin dejarte llevar por la impulsividad.

6. Convierte el síndrome del impostor en una herramienta de impulso y mejora continua

El síndrome del impostor puede ser incómodo, pero es una señal de que estás saliendo de tu zona de confort y creciendo. Al aprender a usar esa incomodidad como un impulso para mejorar y prepararte mejor, transformas esa sensación en un aliado de tu progreso. Cada paso hacia delante es una prueba de tu evolución.

El síndrome del impostor suele aparecer cuando estamos desafiando nuestros límites. Úsalo como recordatorio de que estás en un terreno de crecimiento y aprendizaje constante.

7. Valora cada paso de tu viaje emprendedor y disfruta del camino y la experiencia

El emprendimiento es un viaje de constante aprendizaje y crecimiento. Disfruta cada paso, incluso los que parecen difíciles, porque son los que más contribuyen a tu crecimiento personal y profesional. Al final, el verdadero éxito es mirar atrás y sentirte orgulloso de todo lo que has logrado.

El éxito no sólo está en alcanzar la meta, sino en los logros diarios que construyen tu camino. Celebra las pequeñas victorias y aprende de cada etapa del proceso.

6

Aprender para emprender

Imagínate que el conocimiento es un mapa y cada nuevo concepto que aprendes es una ruta que te acerca más a tu destino emprendedor. En el camino, la formación y la experiencia te dan las herramientas para esquivar los obstáculos y aprovechar las oportunidades. Aprender constantemente es uno de los mayores activos que puedes tener como emprendedor. Cuanto más sepas, más sólido será el camino que construyas para tu negocio.

España es un lugar maravilloso: tiene buen clima, montañas preciosas, playas de arena fina y pistas interminables para esquiar. Gastronómicamente por la variedad que tenemos nadie nos hace sombra y el mejor cocinero del mundo es español. Tenemos equipos y deportistas que son referentes internacionales. Aunque a veces no lo parezca, somos un país de personas inteligentes, proactivas y con un gran potencial para emprender. El gobierno y las instituciones podrían hacer mucho más para incentivar el aprendizaje y el desarrollo empresarial. Sin embargo, depender sólo de los programas de ayuda es insuficiente: es necesario tomar el control de tu propio aprendizaje y formarte de manera constante. La formación y la preparación son los cimientos de cualquier negocio sólido.

Al hilo de la poca información y preparación que hay disponibles para personas con ganas de emprender, pero sin formación sobre administración y dirección de empresas, recuerdo que, al principio de mi andadura empresarial, desconocía conceptos financieros básicos que me habrían ayudado a gestionar mejor mi negocio. En una situación de apuro, sin dinero suficiente para cubrir nóminas y al borde del cierre, encontré apoyo en un gestor bancario que me informó sobre un crédito ICO, una línea de financiación estatal para ayudar, para mi sorpresa, incluso a pequeñas empresas. Gracias a Pere, que consiguió que accediera a ese crédito, mantuve a flote mi negocio Un crédito de apenas 20.000 euros mantuvo mi negocio en pie hasta hoy, permitiendo que me concentrase en vender, y esa calma trajo consigo la generación de decenas de puestos de trabajo y millones de euros en impuestos. Una gran idea por sí sola no sirve para nada, debes saber dónde buscar apoyo financiero y cómo aprovechar el conocimiento disponible.

En lugar de esperar a que alguien promueva el emprendimiento, la clave está en tomar el control de tu propio aprendizaje. Formación y preparación son los cimientos de cualquier negocio sólido. La falta de conocimiento puede llevar al fracaso incluso a las ideas más brillantes. Pero cuando combinas una idea con la formación adecuada, las posibilidades son infinitas. El conocimiento es como una herramienta que debes afilar constantemente. En el mundo del emprendimiento, mantenerse actualizado es esencial. Así como un atleta entrena cada día para mejorar, los emprendedores debemos nutrirnos de nuevos conocimientos para adaptarnos y anticiparnos a los cambios en el mercado.

Más allá de las posibilidades de financiación, dentro de la formación piensa en la gestión de costes como el tablero de un juego: tienes piezas fijas que no se mueven, como los costes fijos, que pagas vendas o no vendas, y piezas variables que dependen de cada jugada, como los costes variables de las ventas. Para ganar, necesitas comprender estas reglas y mover tus piezas sabiamente.

Aquí tienes algunos de los conceptos básicos que todo emprendedor debería dominar:

- **Costes fijos.** Son los pagos que debes realizar sí o sí, como el alquiler de la oficina, las nóminas o las líneas telefónicas. Ésos son tus costes fijos, que necesitas cubrir incluso si el negocio tiene meses bajos.

- **Costes variables.** Son aquellos que dependen de tus ventas, como las comisiones de venta o el coste del producto. Sólo incurres en este gasto cuando realizas una venta. Cuantas más ventas tengas, mayor será este coste.
- **Punto de equilibrio.** Saber cuánto necesitas vender para cubrir tus costes operativos es fundamental. No se trata de generar beneficios, sino de mantener el negocio a flote. Si tienes una cafetería, podrías calcular que necesitas vender 300 cafés al mes para cubrir el alquiler, suministros y personal. Vender 300 cafés es tu punto de equilibrio. Si logras vender más de esa cantidad, comenzarás a obtener beneficios.
- **Impuestos y retenciones.** Los diferentes impuestos y retenciones (como IVA, IRPF o el Impuesto de Sociedades) afectan directamente a la rentabilidad de tu negocio. Mantenerte informado sobre ellos y calcularlos correctamente es esencial para evitar sorpresas. Si vendes un producto por 100 euros, en realidad el precio de venta total será de 121 euros, porque debes incluir el 21 por ciento de IVA. Ese importe adicional (21 euros) no es una ganancia para ti; tienes que entregarlo a Hacienda al final del trimestre. Si tienes un empleado que recibe un sueldo neto de 1.100 euros, el coste total para la empresa puede rondar los 1.700 euros al mes, ya que debes añadir el IRPF retenido y las cotizaciones a la Seguridad Social. Este cálculo es fundamental para comprender el coste real para la empresa de cada trabajador. Si tu empresa obtiene un beneficio de 100.000 euros al final del año, tendrás que pagar 25.000 euros en impuesto de sociedades. Este gasto reduce el beneficio neto que puedes reinvertir o repartir.

Entender estos términos y su impacto en tu negocio te permitirá gestionar mejor tus finanzas, planificar con realismo y mantener el control de tu empresa. Puedes buscar más información sobre el flujo de caja que te permite hacer planes para mantener el negocio funcionando en un período de baja entrada de efectivo, el margen de contribución que te dice el margen que te queda restando el coste variable, el capital del trabajo que si es demasiado bajo podría dificultarte el cubrir los gastos de tu negocio, el ROI que es la rentabilidad sobre la inversión y mide la eficiencia por ejemplo de una campaña de marketing, el endeudamiento y apalancamiento que indica que podrías tener problemas de caja si gran parte de tu negocio funciona gracias a financiación, la depreciación y amortización suponiendo que compras maquinaria y esa inversión inicial se reparte a lo largo de años reflejando el desglose del coste anual y el desgaste del equipo, el período medio de cobro, el de pago, el ebitda, las reservas y fondos de contingencia, el ROA llamado así por ser el retorno sobre activos... Hay muchos y es bueno que los revises. No voy a hacerte leer diez páginas de este libro con cosas que encontrarás en internet de forma sencilla y gratuita, pero estos conceptos financieros ayudan a tomar decisiones más informadas y también son esenciales para evaluar y proyectar la rentabilidad y estabilidad de tu negocio.

Después del mal cuerpo que se te debe haber quedado te aclaro una cosa: ser empresario merece la pena. La gente que trabaja por cuenta ajena y gana 1.000 o 2.000 euros al mes no tiene las preocupaciones que tú tendrás como gestor de tu propio negocio, pero como el empresario cierre la persiana, los trabajadores van a la cola del paro sin duda. Por lo que su seguridad depende del jefe y el jefe depende de sí mismo. Aquí hablamos de mojarte el culo, invertir en ti para ganar el doble o mucho más, así que es normal que tengas que preocuparte un poco, pero si conoces los conceptos financieros, será más fácil atar tu empresa en corto y educarla desde su nacimiento. Te aseguro que si lo usas acabarás enamorado de las hojas de cálculo, aunque en el futuro alguien lo haga por ti. Tómate tu tiempo, pero no tomes a la ligera este aspecto. Busca en internet un modelo de plan de negocio y ve aprendiendo a rellenarlo para obtener datos reales de márgenes y beneficio. Repásalos y mantenlos actualizados cada mes. Ese cuadro de control de costes te servirá para cualquier otro negocio que te plantees poner en órbita.

La formación no sólo consiste en aprender conceptos técnicos; también implica el desarrollo personal y emocional. En mi camino descubrí que el éxito no depende solamente de las ventas o el crecimiento, sino de mi habilidad para gestionar mis propias emociones, aprender de los errores y adaptarme a nuevas realidades.

Ya he contado en alguna entrevista que no soy de devorar libros leyendo tres horas cada día. Me aburre y los pitidos de mis oídos no me permiten estar demasiado tiempo en silencio absoluto. Desde hace casi quince años padezco un zumbido fuerte e incesante en los oídos. Se llama tinnitus, y hace que para mí no exista jamás el silencio absoluto, ni siquiera durmiendo. Parece un incordio y lo es, pero, como a todo, te acostumbras y buscando soluciones he conseguido que no me limite y pueda hacer una vida lo más normal posible. He hecho de todo lo imaginable para tratar de acabar con el maldito tinnitus, pero nada ha servido, así es que me he resignado y convivo con él sin darle la importancia que le daba hace años cuando era incluso un pitido fijo y menos ruidoso dentro de mí. Como te decía, no me gusta pegarme atracones de lectura, así que tengo el hábito diario de guardarme entre quince y treinta minutos para leer antes de dormir, es mi momento de paz. Solos yo, mis pitidos y mi música para acallarlos. Así he leído decenas de libros, y los que vendrán. Poquito a poco y sin estrés.

Lo que quiero decirte es que la vida no se trata de agobiarse con las cosas, ni de meterse más presión que el cocido que hacía mi madre en la olla exprés. El crecimiento personal va de integrar mejores hábitos, como el de la lectura diaria. Normalmente, si te dedicas a lo que te gusta, como a emprender tu propio negocio, te gustará leer sobre ello. Todo forma parte del bonito ecosistema del emprendimiento: te ayuda a no desaprovechar la oportunidad de ganarte la vida haciendo aquello que te llena y leer cada día es importantísimo porque te nutre para salir de la visión túnel y te permite avanzar en tu negocio. Tu cabeza estará mejor amueblada, tus miras y perspectiva serán más amplias. Leer documentándote sobre tu sector es una herramienta muy útil para ser más solvente a nivel emocional.

Siguiendo con el tema de la formación te voy a contar algo increíble, una experiencia que me cambió para siempre, y la siguiente la tengo guardada en un lugar muy especial de mis recuerdos. Corría el año 2018 y a pesar de ganar mucho dinero y de que mis negocios iban bien, yo no lo sentía así. Quiero dedicarle el siguiente pasaje del libro a mi prologuista, el gran escritor y psicólogo Tomás Navarro, la persona que me ayudó a encontrarme de nuevo cuando más perdido estuve. Sintiéndome desorientado y sin rumbo fijo como empresario decidí contratar los servicios de un psicólogo del que había escuchado hablar a mi buena amiga Lidia. La cosa es que contacté con él y me pareció superatípico, y eso que ya iba un poco informado. No vende humo, pero para encontrar su consulta, justo deberías hacerle señales de humo porque visita en las montañas. Un psicólogo consigue ayudarte si no haces trampas y dices la verdad. Yo admiro tanto esa profesión que siempre he sido sincero con él, para bien y para mal. Sigo, que viene lo bueno... Después de hablar con él, me ofreció probar la experiencia *henko*. Y, como yo soy de probar, casi sin pensar en lo que estaba haciendo, accedí. Esa experiencia ayuda a cualquiera que quiera quitarse la paja de la cabeza y lo reorienta. Me recordó a un episodio de esos del programa de televisión «Planeta Calleja». El plato fuerte eran un par de días por las montañas junto a Tomás. Al ser época de nieve, decidimos hacer la subida a un puerto de montaña con raquetas. Al principio hablamos sobre mi vida personal, de mis traumas pasados, de mi presente y del futuro. Apenas a unos cien metros de haber comenzado el camino lloré al sentir una profunda pena. No habíamos casi empezado y ya estábamos derruyendo el gran muro que me bloqueaba mentalmente y que tenía origen en el pasado de mi familia con los negocios. Sobre todo, me pesaba como una losa lo injusto que veía que mi padre hubiera perdido la empresa por ser buena persona. Lo sentía como una maldición de la que jamás podría escapar y me veía sentenciado a perderlo todo. Antes de aquellos dos días con Tomás, tenía el pensamiento recurrente de que estaba destinado a arruinar mi vida y la de mi familia. Hacía años que no lloraba y me vaciaba como en aquel momento. Fue nada más empezar cuando me derrumbé. Todavía tengo clavada la mirada tranquila y serena de Tomás a través de sus gafas de sol. Me dejó llorar hasta que me vacié y no medió palabra hasta que paré. Me dijo lo que cualquiera pensaría: que yo no era mi padre. Después seguimos con la ruta. A mitad del camino hacia la cima llegamos a un llano.

Nos rodeaba pura nieve y montañas. Estábamos sentados, reponiendo fuerzas y bebiendo agua cuando le dije:

—Tomás, creo que los estudios me vinieron a destiempo. Ni sabía lo que quería en mi vida. Quería estudiar Psicología, pero no acabé ni la secundaria y me puse a trabajar al tener novia desde los 18 años. —Otra vez se quedó impasible, dejando a que acabase de hablar—. Ahora ya es tarde. Hoy día, lo que me gustaría es tener más conocimientos académicos sobre marketing porque, al ser un enamorado de la comunicación y las ventas, necesito explorar esa vertiente para seguir creciendo.

—No es tarde —me soltó cuando terminé—. Si en realidad no quieres hacerlo, no lo hagas, pero no es tarde y además es fácil. Ve a una escuela de negocios y seguro que, incluso sin carrera universitaria, al ser un empresario con varios años de experiencia liderando equipos de ventas, con casi cien empleados y facturando millones de euros al año, existirá alguna opción. Aquí me convirtió en un fan incondicional de su «ysiísmo» como activador de la acción. Lo puedes leer en sus numerosos libros en decenas de idiomas. Grandísimo escritor Tomás Navarro.

A los dos meses fui a una de las más prestigiosas escuelas de formación para ejecutivos a informarme. Me atendieron y tuve la ocasión de asistir a una clase de prueba. Salí de allí emocionado, empoderado, extasiado... Era como si por primera vez estuviera en el lugar al que pertenecía. Estudiar con más de cuarenta años, sin carrera universitaria previa, y no cualquier cosa, sino un Máster Ejecutivo en Marketing y Ventas. «¡De locos!», me dije, pero lo hice.

Me presenté a la reunión de admisión con la directora y hablamos sobre mi caso.

—¿Y qué haces aquí, si ya eres un empresario que factura millones?

—Quiero estudiar Marketing.

—Por tu posición te recomiendo mejor un MBA, ¿no?

Un MBA es como un máster especial para administración del negocio: duraba el doble de tiempo y costaba cuatro veces más, como 100.000 euros.

—No, quiero estudiar Marketing. Pienso digitalizar y escalar mi negocio por lo que necesito tener más conocimientos para conseguir trazar el rumbo correcto.

—Bien, ¿y no estudiaste carrera universitaria?

—No, pero soy muy aplicado.

—De acuerdo. Tenemos alguna plaza para personas con tu perfil, así que te permitiremos hacer las pruebas de acceso y, con tu currículum, si apruebas, estás dentro.

En enero de 2020 empecé el máster más largo de la historia. A los tres meses llegó la pandemia, se paralizó todo y tuve que pedir una excedencia de varios meses para salvar mi negocio, que se estaba hundiendo por unos costes fijos altos que no podía asumir y varios contenedores de productos llegando desde China sin poder vender un tornillo. La pandemia nos pilló en la cresta de la ola y nos revolcó hasta casi ahogarnos. Al día siguiente de que aceptaran mi excedencia y sin saber si saldría de ahí arruinado por todos los créditos y ayudas que tuve que pedir y avalar, pagué la mitad que faltaba por abonar del máster con la promesa de volver a acabarlo pasase lo que pasase con mi empresa y conmigo. En junio de 2022 lo acabé con buenas notas, e incluso aproveché la oportunidad de estudiar un programa optativo de innovación y tecnología en la Universidad de Berkeley, en San Francisco.

Quizás hoy creas que no puedes formarte o perfeccionar tus conocimientos para emprender. Que la edad no sea una limitación para ello, cualquier edad es buena para estudiar o formarte, pensar así es la clave de todo. No limitarte tú mismo antes de informarte o de probarlo. La sociedad tiene establecidos unos tempos para todo, aunque una vez más son clichés, tabús y costumbres que no tienen ninguna relevancia con la singularidad de la vida de cada individuo. Darle excesiva importancia a la edad te envejece mentalmente de forma prematura. Integra formación y reciclaje profesional constante, ya que para ser mejor empresario es fundamental reorientarse y adaptarse. Se trata de no quedar obsoleto como la pandemia hizo con muchos. En mi caso, cada mes invierto una parte de mis ingresos en formarme con otras personas, incluyendo a gurús del sector digital con los que nada tengo que ver y con los que no comparto sus ideologías sectarias. Todo eso no me importa, una vez más es ruido que no me impide extraer el valor de su conocimiento.

Gracias a los estudios que cursé, conseguí dejar de depender de un negocio analógico y que iba camino de quedar obsoleto. Comencé a explorar el mundo digital más a fondo, a integrar formas de trabajar diferentes y acabé creando un nuevo modelo de negocio. Como todos los cambios profundos, esto ha sido posible tras un período de transición que, por supuesto, no ha sido un camino de rosas. Hoy en día, con sólo un trabajador, facturamos la mitad de lo que ingreso con otra de mis empresas con el doble de antigüedad, que tiene más de treinta trabajadores. Hablamos de empresas de más de un millón de euros de facturación anual. El primer año, la empresa online apenas pasó de los 100.000 euros. Este mismo año, 2024, superará el millón después de tan sólo cinco años de existencia. Ese conocimiento es el que hará rejuvenecer a la empresa que fue un éxito y hoy estaba quedando obsoleta. Como me enseñaron en el máster: «Éxitos pasados no garantizan éxitos futuros».

Puedes conseguir lo que quieras si te lo propones, y hacerlo alineado con tu propósito equivale a éxito, porque te mueve un motor muy potente, la realización personal. No tienes por qué estudiar una carrera de varios años o un máster de más de un año de duración. Puedes empezar por programas cortos de uno o dos meses. Escoge el formato presencial, online o híbrido como mejor encaje en tu vida profesional y personal. No es necesario que sea formación reglada, tiene que ser algo que te motive, que te saque de la caja. Hazlo si te acerca a la realización, no porque te den un título.

Puedes afiliarte a alguna mentoría o membresía de alguien que te inspire confianza. Prueba, el riesgo es mínimo. A veces son 50 o 100 euros mensuales y, si no te interesa, te das de baja y tan amigos. Seguro que alguna vez has comprado algo de ropa o electrónica que no te ha acabado convenciendo y no le has dado tantas vueltas como le dan algunos a invertir un poco de dinero en formación. El mundo online está lleno de oportunidades y formatos: busca información, mira vídeos o revisa contenido gratuito y decide si te interesa o no, pero, te doy un consejo, no hagas caso de las reseñas positivas ni negativas. Pruébalo. Mi película favorita tiene una media de 3,7 en Filmaffinity y a mí me encanta. Te repito que yo mismo pago y a la vez imparto mentorías de pago a otras personas: a veces gusta más y otras menos, dependiendo de la persona a la que me dirijo. Es una cosa que debe decidir el alumno, si se me permite la expresión.

Respecto a las horas disponibles, la buena noticia es que tu día tiene las mismas horas que las que tiene Bill Gates. Si te organizas, veinticuatro horas dan para mucho. Tampoco te agobies, pensar demasiado es de los peores problemas del emprendedor y de cualquier persona, deja que las cosas fluyan. Respecto a la lectura: ¿lees diez minutos al día? ¡Mejor que nada! Ya leerás una hora, pero crea el hábito. Con los estudios, elige algo sencillito, de un mes de duración, e invierte un par de horas a la semana. Ya cursarás algo más extenso si te apetece. Integra estos dos hábitos en tu vida, porque la transformación y la evolución van de la mano de nuevos hábitos y mejorar los que ya tienes. Como la gestión del tiempo. Hacerlo te convierte en un ser superior al que hoy eres y reduce la importancia de la edad biológica al mínimo. Confía en esto que te digo, es así. Estoy más cerca de los 50 que de los 40 y siento que me queda un mundo por vivir aún. Con 27 me sentía viejo y sin futuro. Vivía de esas inercias que hoy veo como migajas. Hoy tengo la pasión de un chaval que todavía tiene mucha guerra que dar.

La formación no sólo se trata de aprender conceptos técnicos. También incluye el desarrollo personal y emocional que todo emprendedor necesita. En mi caso, a medida que avanzaba en el mundo del emprendimiento descubrí que no sólo necesitaba conocimientos de marketing, sino también de cómo gestionar mi bienestar emocional. Mi experiencia con un mentor me enseñó que, cuando se trata de emprendimiento, el saber ocupa el mismo lugar que tu capacidad para manejar los desafíos de la vida.

Al final, emprender es un camino en el que el conocimiento es tu mejor guía. Cada nuevo aprendizaje es una inversión que te acerca al éxito y te prepara para enfrentar los desafíos con confianza. No importa cuántos años tengas o en qué etapa estés, siempre puedes aprender algo nuevo que te haga avanzar. La verdadera clave está en no dejar de aprender nunca.

7

Enfoca y crece

Cuando emprendes, debes orientar tu luz hacia aquello que seas capaz de iluminar con éxito. Tus capacidades aumentarán con el tiempo si las cultivas, pero no te pases en la complejidad de tu negocio al empezar. Esto del emprendimiento es muy jodido si lo complicas. Imagínate que tu negocio es como una lámpara de intensidad variable. Al principio, tienes un radio de luz pequeño, suficiente para iluminar sólo un rincón. Conforme adquieres experiencia y mejoras tus habilidades, puedes aumentar la intensidad y expandir el área que iluminas, abarcando más terreno. Empezar de esta manera no sólo te ayuda a dominar lo que haces, sino que también te permite crecer de forma segura y sin saturarte.

Empieza con sencillez y evita la complejidad innecesaria

Emprender es emocionante, pero puede volverse complejo si intentas abarcar demasiado al inicio. Piensa en tu negocio como un proyecto simple y manejable desde el principio, algo que puedas controlar y mejorar con el tiempo. Al igual que un cocinero que abre un pequeño restaurante antes de expandirlo a varias ciudades, tú también puedes empezar con algo que seas capaz de dominar. La clave es dar pasos sólidos sin apresurarte a hacer crecer tu negocio más de lo necesario al principio.

Encuentra tu diferenciador y constrúyelo desde la simplicidad

Lo más importante es que desde el inicio encuentres ese aspecto que te diferencie en el mercado. Piensa en algo sencillo que puedas hacer mejor que tus competidores y convierte eso en la propuesta de valor de tu negocio. No importa si vas a abrir una carpintería, una agencia de marketing o un lavadero de coches; encuentra esa diferencia y explótala. En marketing se le llama PVU, el acrónimo de Propuesta de Valor Única. A menudo, esta diferencia puede ser algo sencillo que otros pasan por alto. Pregúntate: ¿qué puedo ofrecer que mis competidores no estén considerando? Esto puede ser un valor añadido en el servicio, la calidad del producto o incluso la experiencia que le das al cliente.

Como ejemplo, imagina que tienes un servicio de reparaciones. Tu competencia suele tardar días en contestar y te ofrecen un tiempo de espera de una semana. ¿Por qué no diferenciarte ofreciendo una respuesta en menos de 24 horas o la opción de reparaciones exprés? Esto podría ser el punto que te haga destacar, independientemente del precio.

Cuando tu propuesta de valor está bien definida y es única, atraes la atención del cliente que quieres, el que valora tu diferenciador, de una manera mucho más efectiva, permitiéndote salir de la competencia de precios y posicionarte como una opción atractiva por la que tu público potencial está dispuesto a pagar más.

Al comunicar tu propuesta de valor, es vital que el mensaje sea claro y fácil de entender. En lugar de prometer todo, elige una sola característica o ventaja que resuma por qué los clientes deberían escogerte a ti. Asegúrate de que esta característica se traduzca en un beneficio tangible para ellos.

La importancia del enfoque y la estrategia

A veces pensamos que al decirlo todo de golpe vamos a captar más clientes. Sin embargo, captar la atención es más efectivo si destacas una sola ventaja de tu negocio y lo haces con claridad y sencillez. El conocido método AIDA (Atención, Interés, Deseo y Acción) en marketing se basa precisamente en un embudo con este enfoque: capturar la atención primero, luego despertar el interés, provocar el deseo y, finalmente, lograr la acción de compra.

Ejemplo de AIDA para un lavadero de coches:

- Atención: «Usamos productos biodegradables».
- Interés: «Ahorramos un 50 por ciento de agua en cada lavado».
- Deseo: «Cuida el planeta mientras cuidas tu coche».
- Acción: «Visítanos y convierte tu lavado en un acto ecológico».

Este enfoque hace que el cliente valore más tu negocio y entienda rápidamente por qué debería elegirte a ti sobre otras opciones más económicas.

Planifica para el crecimiento, pero sin prisas

Cuando empiezas un negocio, lo común es enfocarse en objetivos sencillos y realistas. Es tentador pensar sólo en vivir de tu negocio y en ganar un poco más de dinero que como empleado. Sin embargo, pensar en pequeño puede ser una trampa. Actúa con prudencia, pero nunca te limites en tu visión; el tamaño de tu negocio puede superarte si haces bien las cosas y tienes una propuesta sólida.

Cuando empecé mi negocio, mi único objetivo era hacer las cosas mejor que mi jefe anterior. No tenía la ambición de crear algo enorme, sólo quería satisfacer a mis clientes y vivir de mi trabajo. Sin embargo, lo que empezó como un pequeño proyecto se convirtió en algo mucho más grande de lo que nunca imaginé. El mercado, y no sólo tu plan inicial, puede hacer que tu negocio crezca de forma natural si sientas bases sólidas y claras desde el principio.

Piensa en marcas como Zara. Empezaron siendo pequeñas, pero la demanda y la estructura sólida permitieron que crecieran a una velocidad sorprendente.

A veces, el propio mercado te obliga a crecer, y si estás preparado para ello, puedes manejarlo bien.

Escenarios de crecimiento y planificación financiera

Para prepararte a medida que creces, es importante proyectar diferentes escenarios de negocio. No se trata de tener todas las respuestas, pero crear hipótesis de crecimiento en diferentes situaciones te da una base para tomar decisiones informadas. También puedes considerar el asesoramiento de un director financiero a tiempo parcial o un asesor específico que te ayude a evaluar estos escenarios y te brinde seguridad en tu toma de decisiones.

Imagina que tienes una barbería especializada en cortes de alta precisión. Puedes proyectar tres escenarios:

- Escenario conservador: mantienes un crecimiento moderado y una clientela estable.
- Escenario optimista: te vuelves popular en redes y necesitas expandirte a una segunda ubicación.
- Escenario pesimista: debido a la competencia, decides reducir tus precios para atraer más clientes.

En cada caso, contar con una planificación y apoyo financiero te ayudará a adaptar tu negocio sin tomar riesgos innecesarios.

Evita morir de éxito: el peligro de crecer demasiado rápido

Uno de los errores más comunes de los emprendedores es no estar preparados para el éxito inesperado. A veces, el negocio crece tan rápido que la demanda supera los recursos disponibles. Morir de éxito es igual de peligroso que no alcanzar el punto de equilibrio, porque al final el negocio puede quedarse sin liquidez. Con una de mis marcas, experimenté un crecimiento tan rápido que me quedé sin dinero para mantener el inventario. La demanda superaba la producción, y aunque teníamos muchos pedidos, no podíamos satisfacerlos. Esta lección me enseñó la importancia de tener recursos suficientes o de encontrar apoyo financiero para sostener la demanda y controlar ambos.

Define un principio y un final para cada tarea

Como emprendedor, es importante que cada tarea tenga un principio y un final claro. La procrastinación, o el arte de retrasar lo importante, es una trampa peligrosa que debes sortear siguiendo esta máxima en especial: planifica y establece límites de tiempo para cada etapa de tu negocio; esto te permitirá avanzar con paso seguro y constante. La planificación de cada tarea con una fecha límite te ayuda a mantener el foco y el orden, evitando el riesgo de dispersarte.

Escribir este libro ha sido un proceso por etapas. Cada capítulo ha tenido su fecha de inicio y su plazo de finalización, y no he pasado al siguiente hasta concluir el anterior. Lo mismo debes hacer con tu negocio: avanzar paso a paso y no intentar abarcar más de lo que puedes manejar. Las tareas en tu negocio son como un reloj. Cada manecilla tiene su tiempo exacto de recorrido para que el mecanismo funcione bien. Si te dedicas a cada tarea como si fuera una parte de ese engranaje, verás resultados constantes y ordenados.

Cuando emprendas, concéntrate en lo que puedes controlar y en aquello que haga tu propuesta única. No necesitas ser supertalentoso ni abarcar más de lo necesario desde el principio. Enfoca tu energía y tus recursos en un aspecto que domines, y deja que el mercado te guíe hacia el crecimiento. Tu éxito dependerá tanto de tu capacidad de ejecutar como de tu habilidad para mantener el foco y simplificar tus metas.

Hablando de limitar y ponerle un punto final a las cosas, por hoy ya se ha acabado el tiempo que tengo asignado a la escritura de este capítulo, así que, como debo dar ejemplo, mañana me pondré con el siguiente.

8

Multiplica tus horas

La buena noticia es que como te contaba anteriormente, tu día tiene veinticuatro horas como el día de Bill Gates, Elon Musk o Jeff Bezos, por hablar de personas que tienen fama de llevar adelante grandes proyectos que requieren de una eficiencia suprema en la gestión de su tiempo.

La vida, como el tiempo, es cambiante y nos lanza retos y sorpresas. Algunos días podemos con todo, y otros nos sentimos limitados por obligaciones, preocupaciones o responsabilidades. Como te recordaba, todos tenemos las mismas veinticuatro horas, pero no todos las aprovechamos igual. La clave está en cómo usar cada hora y en cómo adaptarse a la dinámica de la vida sin perder el enfoque en lo que realmente importa.

Todos tenemos nuestras propias circunstancias, pero lo fundamental es aprender a organizarnos con lo que tenemos. Por ejemplo, una persona que cuida de un hijo o un estudiante tiene que lidiar con limitaciones y obligaciones diarias, mientras que otros tienen rutinas más flexibles. Aceptar nuestras limitaciones y encontrar maneras de optimizar cada momento es el primer paso para aprovechar nuestro tiempo al máximo. «Piensa en tu tiempo como una gran pieza de arcilla. Puedes moldearla en función de tus prioridades, y el resultado depende de cómo uses cada pedazo.»

Es importante que cada actividad de tu día esté alineada con tus metas y tu propósito de vida. Cuando trabajas en algo que te gusta, las horas de trabajo no pesan tanto, y las horas de ocio y descanso se vuelven menos urgentes porque estás satisfecho. La clave aquí es organizarse para que el tiempo dedicado a emprender sea un placer y no una obligación.

«Imagina un deportista que entrena para una gran carrera. Puede sentir cansancio, pero disfruta del proceso porque cada paso lo acerca más a su meta. De la misma manera, cuando trabajas por tu cuenta y tienes un propósito claro, el esfuerzo diario se convierte en una inversión para alcanzar algo más grande.»

La vida cambia a diario, y establecer rutinas demasiado estrictas puede llevar a la frustración. Aunque algunos recomiendan dividir el día en bloques iguales de trabajo, descanso y ocio, lo cierto es que la vida no siempre encaja en un horario tan perfecto. Piensa en la diferencia entre un reloj de arena y un reloj de agua. Mientras que el reloj de arena mide cada segundo de manera fija, el reloj de agua se adapta al flujo. Así debe ser tu horario, flexible, adaptado a tus prioridades y capaz de cambiar según el día. Si te es posible, aprovecha la libertad que te da emprender para adaptar tus horarios a lo que realmente te aporta. No te presiones en mantener una rutina de ocho horas de trabajo seguidas si puedes distribuirlas en función de tus necesidades, pues ésa es una de las sensaciones de libertad más preciadas de tener un negocio propio.

Al igual que en una maratón, la mejor manera de aprovechar el tiempo es dividir el camino en tramos y avanzar poco a poco. Si tienes un proyecto grande, organízalo en etapas con objetivos concretos que puedas cumplir en tiempos cortos. Esto te permitirá ver avances y mantener la motivación sin sentir que todo depende de un único esfuerzo monumental, convirtiéndose en la suma de pequeños esfuerzos. Si quieres escribir un libro, no te enfoques en las 200 páginas que te faltan. Enfócate en las dos páginas que puedes escribir hoy, porque cada una de ellas te acerca al final y te lo digo yo que estoy pasando por ello.

Tu tiempo es como el agua en un cubo con pequeños agujeros. Cada distracción es un agujero que deja escapar el agua y, si no tapas esos agujeros, al final te quedas vacío.

Con tantas distracciones a nuestro alrededor, es fácil perder tiempo en actividades que no aportan nada a nuestro propósito. Dedica cada minuto a una actividad con intención, evitando que el tiempo se te escape en cosas banales. Elimina las distracciones para que el tiempo que tienes esté verdaderamente en tus manos. Un minuto enfocado en lo importante vale más que una hora de trabajo disperso. Cuando emprendes, cada minuto cuenta, y una pequeña distracción puede hacerte perder mucho tiempo y generarte ansiedad echándolo todo al traste.

Para sacarle provecho al tiempo es fundamental aprovechar los momentos de «tránsito» para aprender y crecer, en lugar de desperdiciarlos en actividades que no aporten a tu desarrollo. Puedes escuchar un audiolibro mientras te desplazas o si como yo tienes una hora al día de trayecto al trabajo, escucha un pódcast sobre emprendimiento o motivación. Verás cómo esos momentos que parecían irrelevantes ahora te impulsan hacia tus metas.

Usa el tiempo como una herramienta y no como una limitación, porque cuando tienes claro cuál es tu propósito y cómo quieres emplear tu tiempo, éste deja de ser una limitación y se convierte en un recurso. Piensa en el tiempo como una herramienta que puedes manejar y ajustar según tus necesidades y objetivos.

«El tiempo es como un martillo: puedes usarlo para construir o para destruir, y la diferencia está en cómo decidas manejarlo.»

Recuerda que tu tiempo es limitado, pero eso no significa que no puedas usarlo con un propósito claro. Cada día de veinticuatro horas puede acercarte a tus metas si lo administras con intención y si cada minuto destinado a ello aporta algo a tu negocio. Aprovecha las oportunidades, crea momentos de valor y utiliza cada hora como si fuera la última.

Para que comprendas lo importante del uso que le das a tu tiempo para mejorar te dejo un concepto japonés llamado *kaizen*, que significa 'mejora continua' y sobre el que te animo a buscar más información. Básicamente se basa en la filosofía de realizar pequeñas mejoras cada día, sin necesidad de transformaciones drásticas. Aplicar *kaizen* a tu vida y a tu emprendimiento es un enfoque muy poderoso: significa que cada día te enfocas en mejorar algo, ya sea en cómo manejas tu tiempo, en aprender algo nuevo o en afinar tus habilidades. Con el tiempo, estos pequeños cambios generan una evolución real y te permiten aprovechar al máximo cada hora. Imagina el tiempo como un solar. Cada minuto que inviertes en aprender algo nuevo o mejorar tu habilidad es una semilla que plantas y cuidas con constancia. Al principio, las plantas son pequeñas y parece que nada cambia, pero con el tiempo florecen y acabas disfrutando de un frondoso y bonito jardín.

9

Intentarlo te hace mejor

Hay algo en el simple hecho de intentarlo que transforma; intentar llevar una idea a la práctica te convierte en alguien que se pone en acción y que evoluciona. Tener una buena idea es sólo el comienzo. Cuando decides estructurar esa idea, darle forma y sentido, ya estás avanzando hacia algo mayor.

Adoro escribir frases de esas que tratan de impulsarte en los momentos duros, que te preparan para los malos y tratan de motivarte a que seas tu mejor versión. Hay una de esas frases que resume lo que es el emprendimiento en esencia, la búsqueda de un futuro mejor para las personas como yo, sin un talento innato para los negocios. Sí considero que tengo suficiente creatividad, pero, al final, no es lo mismo tener una buena idea que estructurarla y sacar de ella un negocio. El valor de una idea radica en su ejecución, y esta ejecución es el arte de dar forma a lo intangible. La frase es la siguiente:

> El hecho de intentarlo ya te hace mejor.

Ideas tiene todo el mundo. No mucha ni poca gente. Hasta el más mindundi tiene sus ratitos de inspiración. La diferencia es que, como te decía en el párrafo anterior, articular un proyecto, hacer el plan de negocio, el de marketing y alinearlos, es otra cosa. No es lo mismo disparar balines a palillos en la feria que irte a la guerra a pegar tiros a personas. Ni por asomo. En una no te juegas nada más que tu honra frente a tu cuñado y en la otra te juegas el pellejo.

Cuando digo que al intentarlo ya eres mejor, es porque, si de verdad te esfuerzas y te superas para darle forma de negocio a tu idea, estás evolucionando. Ya sea buscando la información necesaria, asesorándote correctamente o profundizando en cada punto de tu negocio. Puedes estar dándole vueltas al coco con la idea, barruntando si calaría en el mercado, si tienes los recursos o si te hará ganar dinero, pero, si no las pones negro sobre blanco, esas preguntas no son emprendimiento, son sueños.

Hay algo más peligroso que una persona que no emprende, y es un tonto motivado que lo hace sin pies ni cabeza, flipado por una idea que sólo él entiende. Yo lo he sido y, aún hoy, me cuesta contenerme. Por suerte, nunca me he arruinado con ello, pero lo he vivido muy de cerca, y que una persona persiga un sueño ambiguo, sin objetivos ni dirección fija, destroza familias. Un tonto motivado es una persona con una idea que puede ser buenísima. El entusiasmo es poderoso, pero un emprendedor sin dirección es como un barco sin timón. Una idea puede ser fantástica, pero si carece de rumbo y planificación, el emprendimiento se convierte en una tormenta que termina arrastrando recursos, tiempo y, a veces, relaciones personales. Empezar con los cimientos adecuados es lo que da solidez a cualquier proyecto.

Emprender es como construir una casa: no basta con una visión clara, necesitas un plano, una estructura. Sin una buena base, hasta la idea más prometedora se tambalea. Cuando decides planificar, es como colocar los primeros ladrillos de una casa sobre unos cimientos sólidos; cada paso te acerca a algo más grande, más real.

Lo primero para tener una base sólida ya te lo he contado anteriormente y es crecer como persona, así es que no dejes de luchar por tus sueños y de tratar de ser mejor y hacerte más fuerte en lo que ahora cojeas.

Cuando pregunté hace años a amigos empresarios lo mejor y lo peor de mí laboralmente hablando, casi todos coincidieron en que lo mejor era mi perseverancia y lo peor, mi gestión. Me costaba delegar y eso me convertía en el hombre orquesta. Arriba y abajo, siempre controlando y ajustando cualquier chorrada que viese que no era como yo quería. No dejaba ni un resquicio de aire ni para mí ni para nadie. A base de canalizar esa perseverancia que todos admiraban en mí, la convertí en el motor que me dio la energía para mejorar esa habilidad que no tenía. Primero tuve la humildad de reconocer mis carencias y entendí que debía mejorar mi capacidad de gestión del personal. El fallo lo encontré en que no todo podía ni debía ser milimétricamente como yo quería. Si de verdad quieres que algo se haga de una forma exacta a como tú la imaginas, sólo puedes hacerlo tú mismo, lo que te convierte en ineficiente. Así que lo que debes mejorar es el proceso de enseñanza, monitorizar ese trabajo, aplicar los ajustes necesarios con agilidad, volver a monitorizar el proceso para afianzar las mejoras y repetir el ciclo hasta que todo fluya para poder delegar esa tarea. Delegar es fundamental. Imagina que eres el director de una orquesta: cada miembro toca un instrumento que domina. Tú marcas el ritmo y la dirección, pero necesitas confiar en que cada uno haga su parte. Si decides tocar tú todos los instrumentos, el resultado será caótico además de agotador. Ser un buen director de orquesta no implica tocar todos los instrumentos, sino guiar a los músicos hacia una melodía armónica. El mismo principio aplica a tu equipo y a tus procesos. Cuanto más confíes en las capacidades de otros, más crecerá tu negocio. Aprender a delegar es el primer paso para que el negocio crezca de forma armoniosa y eficiente.

Yo no seguía ese proceso y la gestión a lo hombre orquesta me hizo perder tanto eficiencia como efectividad, porque mi foco se difuminaba al tratar de controlarlo todo. En un negocio en que no quieres depender de costes fijos altos, debes automatizar al máximo aquello que haces de forma manual y delegar tanto como puedas en lo que tu intervención en la gestión sea evitable. Ése es el único modo de escalar correctamente un negocio y de invertir de manera inteligente tus recursos.

Para que entiendas lo sencillo que es a veces ser más productivo es estar anotando una ristra de números en un papel y sumarlos a mano o pulsando mil teclas de la calculadora o montar una hoja de cálculo, como Excel, y que lo haga diez veces más rápido arrastrando el ratón, además te permite crear fórmulas y utilizar esos datos sin tener que volver a anotarlos, copiarlos, pegarlos y enviarlos fácilmente. Sé que suena obvio, pero no por eso deja de ser importante tener la mente puesta en la eficiencia. Imagina la incidencia de esta cultura en todo tu negocio. Por un lado, ganas calidad en el procedimiento y dispones de más horas para cuestiones más provechosas. Este caso se ve muy claro con McDonald's y sus restaurantes de hamburguesas. Cada paso, desde la recepción de los pedidos, el «montaje» de las hamburguesas o los tiempos de cocinado, hasta la atención en el mostrador, están meticulosamente estructurados para que cualquiera pueda replicarlo y hacerlo bien. Si cada tienda funcionara de manera diferente, sería imposible replicar su éxito. La estructura es la clave para cualquier negocio que quiera crecer. Se ha llegado a tal nivel de automatización en los procesos que da igual la persona que haga las hamburguesas, porque todo está parametrizado y medido al milímetro. Puedes ver la diferencia, de forma exagerada, entre estructurar los procesos de forma eficiente y no hacerlo para escalar un negocio en la película *The Founder* [*El fundador*], que trata sobre el origen de esta cadena de hamburgueserías. Si no la has visto te hará reflexionar.

Un consejo que no debería caer en saco roto es que no te autosabotees porque te cuesta estructurar un negocio al principio. Se trata de seguir los pasos que te indicaré más adelante para tu plan de negocio e ir profundizando en cada uno de ellos por tu cuenta para ir perfeccionándolos. Siempre hay una primera vez para subirse a una bicicleta, y esto no es diferente. Alguna caída habrá, pero eres capaz de aprender a estructurar un negocio y siempre puedes apoyarte en internet o con profesionales en consultoría empresarial o con empresarios como yo que nos dedicamos a asesorar a nuevos emprendedores y empresarios con negocios viciados. No pretendo venderte nada, aunque tampoco quiero que te quedes bloqueado a las primeras de cambio. A soñar no se aprende, es innato y lo hace todo el mundo en mayor o menor medida. Lo que sí se aprende es a darle forma a tu faceta de constructor. Soñar y saber estructurar son lo que te lleva al éxito empresarial.

A modo de resumen, quiero recordarte que sacar adelante un proyecto resulta mágico. A veces se sufre o te tiran piedras y generalmente es en el peor momento, eso es duro, pero es el precio que se paga por conseguir una gran recompensa. Al final, las cosas se cuidan y valoran más cuando cuestan un poco, así es que disfruta del camino.

Si emprendes blandiendo sólo una buena idea, viene la caída. El mundo está lleno de fracasados con buenas ideas. Sus negocios, con suerte, empiezan como un tiro y de repente se arruinan de la noche a la mañana porque nadie se ha preocupado por estructurarlos de forma sostenible. Las buenas intenciones por sí solas no traen debajo del brazo buenos negocios si no se acompañan de buenas decisiones y acciones.

¡Ya lo sabes! Al turrón y adelante con tu idea, pero estructúrala y transfórmala en un proyecto. Actúa con cautela y control sobre lo que haces en cada momento para llegar a buen puerto. Para concluir, te digo que, después de vivir en primera persona el emprendimiento, si hubiera tenido que escoger entre arruinarme como empresario o no haberlo intentado, siempre escogería la primera opción, y eso que no tuve este libro para librarme de algunas trampas. Tú tienes una opción mejor: intentarlo siguiendo unos pasos que yo ya he recorrido por ti.

10

ARIA: de la idea a la acción

Soñar es gratis y los esbozos también. No cuestan dinero, pero sí tiempo, uno de los recursos más valiosos y limitados que tienes. La diferencia es que, como te decía en el capítulo anterior, un sueño es tan sólo una idea y, es cuando la planificas, cuando se convierte en un proyecto. Mejor dicho, se convierte en un primer esbozo de ese proyecto. Debes invertir en él tu tiempo, pero no debes desperdiciarlo, porque nunca sobra. No es material o ilimitado. Pon en valor ese tiempo que vas a invertir en planificar tu futuro negocio y caerás enseguida en la cuenta de si debes dejar ese sueño para la hora de dormir o si, por el contrario, debes tratar de hacerlo realidad y vivirlo despierto. Una vez que lo planificas, tu sueño empieza a materializarse y deja de ser abstracto para convertirse en un boceto de algo real y tangible.

Los recursos económicos son importantes para iniciar un proyecto. Pero a la vez no son determinantes. Esto es así en la mayoría de los casos, a no ser que pienses abrir un negocio que precise recursos económicos enormes como construir bloques de pisos, montar un *resort* en el Caribe o lanzar un cohete al espacio. Bromas aparte, ese tipo de negocios son palabras mayores y, aunque todo es posible, suelen estar reservados a grandes grupos inversores o grandes fortunas heredadas y maximizadas durante generaciones.

Los hermanos Wright, sin apenas recursos económicos y sin apoyo de grandes inversores, lograron lo que parecía imposible para su época: diseñar y hacer volar el primer avión en 1903. Mientras que compañías con grandes fondos y equipos de expertos fracasaban en su intento de conquistar el cielo, los Wright, con ingenio, perseverancia y una visión clara, lograron despegar en lo que fue el primer paso hacia la aviación moderna. Su historia es un recordatorio de que, con pasión y determinación, es posible alcanzar grandes retos con pocos recursos, pero para las personas de a pie como tú o como yo, son la excepción que confirma la regla.

Hoy en día todo es más veloz y existen negocios disruptivos que escalan rápidamente y se vuelven enormes, pero no suele ser tan rápido ni tan sencillo para personas que empiezan en esto. Ya con los pies en la tierra, seguro que tu proyecto es asumible sin una gran inversión económica, y recuerda que todo tiene un principio. Con una sólida estructura de inicio y el plan de expansión adecuado, el futuro que te espera será enorme.

Para que tu idea se convierta en un negocio viable, necesitas cuatro elementos fundamentales. Los encapsulo en el método ARIA: Avidez, Reflexión, Intensidad y Acción. Éste no sólo es un modelo para crecer como emprendedor, sino también una guía personal para ayudarte a maximizar tu potencial. Vamos a desglosar cada elemento con ejemplos prácticos y claros.

1. **Avidez.** El hambre de conocimiento es el motor inicial. Es la curiosidad que te lleva a explorar, investigar y aprender. Imagina que eres un viajero en una jungla desconocida; la avidez es esa brújula que te empuja a descubrir nuevos caminos. Sin esta sed de conocimiento, te quedas en la superficie, pero con ella puedes profundizar y encontrar la verdadera esencia de tu negocio.

   Piensa en cómo a Steve Jobs la avidez, su obsesión por crear productos que fusionaran diseño y tecnología, le llevó a aprender de diferentes industrias y a absorber conocimientos sobre diseño, ingeniería y hasta caligrafía. Esta curiosidad le permitió reinventar no sólo su negocio, sino la forma en la que seguimos usando la tecnología hoy.

2. **Reflexión.** La clave para tomar decisiones sólidas. Es el paso de detenerse a analizar la información que has obtenido gracias a tu avidez y tu sed de conocimiento. Es como observar un tablero de ajedrez: debes ver todas las piezas antes de hacer tu movimiento. Reflexionar significa preguntarte si la dirección que estás tomando es la correcta y si el camino es sostenible a largo plazo. Aquí es donde evalúas el impacto de tus decisiones, tanto para ti como para el negocio.

   Tomemos el caso de una pequeña panadería que quiere expandirse y abrir nuevas sucursales. Sin reflexión, este movimiento puede ser impulsivo y desastroso. Reflexionar es analizar si tienen la capacidad de producción, si la demanda en esas nuevas ubicaciones es suficiente y si pueden replicar el sabor y la calidad que sus clientes valoran.
3. **Intensidad.** La focalización de tus esfuerzos es la concentración de tu energía en los puntos que aportan valor real. Cuando actúas con intensidad, estás en tu mejor rendimiento, igual que un corredor que ahorra energía para un último esprint al final de la carrera. Aquí se trata de no dispersarte en tareas irrelevantes; en lugar de eso, enfócate en aquellas que generarán el mayor impacto.

   En una agencia de marketing, la intensidad sería centrar tus esfuerzos en construir relaciones sólidas con tus clientes más rentables en lugar de aceptar proyectos pequeños que te consumen demasiado tiempo y no generan un retorno significativo.
4. **Acción.** Convertir tus planes en realidad. La acción es donde se materializan tus esfuerzos. Después de recopilar información, reflexionar y enfocarte en lo esencial, llega el momento de pasar a la práctica. La acción es lo que finalmente define a un emprendedor exitoso: actuar en lugar de sólo planificar y analizar. Sin acción, una idea nunca se convierte en un negocio.

   Volviendo a la metáfora del viajero, es como llegar a una bifurcación en la jungla. Has usado tu avidez para explorar el camino, tu reflexión para elegir la mejor dirección y tu intensidad para prepararte. Ahora, simplemente tienes que dar el paso. Sin acción, todo el trabajo previo queda en nada.

ARIA esconde tras sus cuatro letras las cualidades básicas que un emprendedor debe cultivar. La más importante siempre es la avidez y después da lugar a las siguientes, y no al revés. En este caso, el orden de los factores sí altera el producto. Ser una persona ávida es tener ganas de expandir los límites del conocimiento. En los negocios, una parte del éxito se basa en conocer los entresijos, por lo que hacer lo que te gusta te lleva a desear aprender los pasos que seguir para hacer realidad tu proyecto.

Si te fijas, es fácil establecer la analogía entre un modelo de crecimiento personal como ARIA, y un modelo de estructura de negocio, con la diferencia de que ARIA se refiere al emprendedor, y el plan de negocio al proyecto en sí mismo. Al igual que el método ARIA para el emprendedor, los negocios también necesitan un esquema estructurado para prosperar. Así como ARIA te ayuda a crecer como persona, el modelo ADEA (Análisis, Diagnóstico, Estrategia y Acción) es un reflejo de cómo organizar y estructurar un negocio exitoso y sostenible.

- **Análisis y Avidez.** En ARIA, la avidez te ayuda a recopilar y buscar conocimiento, y en ADEA, el análisis cumple una función similar al revisar información relevante para el negocio.
- **Diagnóstico y Reflexión.** Mientras que en ARIA la reflexión es un proceso personal para entender tus decisiones, en ADEA el diagnóstico permite evaluar los datos obtenidos y establecer las bases de un plan de acción.
- **Estrategia e Intensidad.** La intensidad en el método ARIA significa enfocarte en lo que aporta valor, al igual que en ADEA la estrategia es una guía que te permite concentrarte en áreas clave para maximizar el retorno de tu negocio.
- **Acción.** Ambos métodos terminan en acción, porque nada sucede hasta que decides pasar del pensamiento a la práctica. Sin esta fase final, todas las ideas y reflexiones se quedan en teoría.

En resumen, si en las personas las siglas del modelo emprendedor serían ARIA, en el plan de negocio serían algo así como ADEA. Si sigues ese camino, es muy difícil que tu proyecto no madure adecuadamente.

El método ARIA es una guía para explotar tu potencial. Comienza con una chispa de avidez, avanza a través de la reflexión, se fortalece con intensidad y finalmente se convierte en realidad mediante la acción. Así, el sueño se transforma en un proyecto tangible, y tú, como emprendedor, te acercas un poco más a la meta.

Los conceptos anteriores del plan de negocio te los comento para que vayas familiarizándote, ya que vamos a orbitar alrededor de ellos en la siguiente parte del libro. Aplicar desde ya estas etapas en cualquier objetivo en la vida te la va a cambiar a mejor. Te lo aseguro.

Llegados a este punto, has recorrido los primeros pasos de una transformación clave: despertar tu potencial emprendedor. Has descubierto la importancia de alinear tus objetivos con tu propósito, adoptando una mentalidad de crecimiento que refuerza tu disciplina y tu compromiso diario. Comprender la relevancia de la mejora continua y del método ARIA te da una base sólida para enfrentar los desafíos que están por venir. Ahora es el momento de transformar ese despertar en estructura, de poner en práctica la estrategia que llevará tus ideas a convertirse en un negocio real. En el próximo bloque, exploraremos cómo dar forma y coherencia a tus ideas, convirtiéndolas en una estructura clara y viable que te acerque a tu meta emprendedora.

> Despertar el espíritu emprendedor es como abrir los ojos al amanecer en una montaña desconocida: desde allí, ves el horizonte y sueñas con todo lo que podrías alcanzar. Sin embargo, ese sueño es sólo el inicio; cada paso hacia la cima necesita un plan concreto, como un mapa que da forma a tu camino. Así, el despertar es la inspiración y la estructura es el sendero que conviertes en realidad, paso a paso, hasta que cada idea y esfuerzo se transforman en el negocio que proyectaste desde la cima de tus sueños.

Segunda parte

Estructura. De la idea al plan de negocio

11

La idea

Una idea se puede robar fácilmente, el dinero cuesta más.

Perico de los palotes

La frase de arriba es tan cierta como que cada día sale el sol. Una idea sin estructura es como un diamante sin pulir. Puede tener valor en potencia, pero es invisible hasta que no se le da forma. La diferencia entre una ocurrencia interesante y un proyecto viable está en la estructura que le damos. Es la estructura la que le da peso a una idea y la convierte en un proyecto viable. De lo contrario, basta con que alguien con recursos o contactos la vea y la tome para él, desarrollándola antes de que tú tengas la oportunidad. Esto sucede en el mercado constantemente: ideas que parecían simples o incluso absurdas consiguen tener un gran éxito cuando se presentan al público con un envoltorio atractivo y funcional.

Piénsalo, ¿quién no ha recibido un regalo perfectamente envuelto, con papel brillante y un lazo impecable, que luego resulta ser algo tan sencillo que, de otra forma, habría pasado inadvertido? El envoltorio y la presentación tienen poder, y en el mercado esto es clave. El mercado no sólo compra productos, sino también la manera en que están empaquetados, la historia que cuentan y cómo encajan en la vida de las personas.

Piensa en productos comunes que pagamos a precios altísimos debido a cómo están envueltos o presentados. Por ejemplo, el café de alta calidad ronda los 20 euros por kilo, pero el café encapsulado que compramos habitualmente nos cuesta alrededor de 100 euros por kilo. No es el café lo que aumenta su valor, sino el aluminio brillante, la facilidad de uso y el diseño atractivo que transforman un producto simple en un símbolo de comodidad y prestigio.

Este fenómeno es igual de visible en el agua embotellada. 1 metro cúbico de agua, o lo que es lo mismo, 1.000 litros, ronda 1 euro de coste, pero 1 litro de agua embotellada puede costar casi lo mismo y hasta diez veces más. Aquí, el valor está en la practicidad del envase y en la percepción de calidad. La lección es clara: la forma en que presentamos una idea es tan importante como la idea misma, y esto requiere estructura y un plan.

Lo anterior es marketing puro y duro del que hace milagros con las ideas, pero llevarlo a cabo cuesta bastante dinero. Por eso una buena idea sin dinero no revela su auténtico valor hasta que estructuras la forma en que puedes hacerla realidad sin necesidad de vendérsela a un buitre que sólo tiene dinero. La clave para que una idea de proyecto sea valiosa es tener un plan de viabilidad bien estructurado. Sin una estructura sólida que respalde tu idea, ésta es volátil, puede disolverse o ser arrebatada con facilidad. La estructura convierte una idea de negocio en algo tangible y le da dirección, convirtiendo algo etéreo en un proyecto real. La estructura también te ayuda a probar la resistencia de tu idea. Sin ella, es como si intentaras construir un puente sin soporte: en el momento en que el tráfico aumente, la idea se tambaleará y no soportará la presión. Con una estructura sólida, puedes estar seguro de que tu idea será capaz de resistir los desafíos del mercado.

La idea gana valor cuando se le asocian los recursos necesarios para hacerla crecer. Para muchos emprendedores, estos recursos incluyen financiación, tiempo y una base de operaciones.

Si empiezas sin recursos económicos suficientes, planificar cómo obtenerlos es esencial. Tienes varias vías: pedir financiación a un banco u otro tipo de canal de financiación privada, pedir ayuda a familiares o amigos, o incluso rehipotecar tu vivienda si la tienes. Yo he recurrido a estas tres opciones en algún momento de mi historia para seguir creciendo como empresario. Lo importante es que en cada paso actúes con responsabilidad y previsión. Por ejemplo, cuando pidas apoyo a amigos o familiares, trátalos con el mismo respeto que tendrías con cualquier inversor. Explícales claramente el riesgo y establece acuerdos por escrito, marcando los pagos y plazos de devolución que les ofrezcas. Esto protegerá la relación y fortalecerá la confianza en tu proyecto. Así, si necesitan ayudarte de nuevo, estarán dispuestos a hacerlo.

Lanzar una idea con éxito requiere austeridad y realismo. No caigas en la tentación de pedir dinero en exceso, ni de usar los fondos obtenidos para gastos innecesarios. Cuando los bancos facilitaban las hipotecas, muchos vieron la oportunidad para reformar la casa, comprar un coche de lujo e incluso tomarse unas vacaciones. Aunque estos extras son tentadores, pueden salirte muy caros. Lo mismo pasa en los negocios: pide sólo lo que realmente necesitas y sé estratégico. Así, cuando lances tu proyecto, podrás concentrarte en lo esencial sin preocuparte por deudas que te ahoguen. Pedir dinero a familiares y amigos puede ser un recurso valioso, pero debe hacerse con respeto y transparencia. Como te decía antes, trata a estos inversores cercanos como aliados clave. Explícales las bases de tu plan de negocio y los riesgos reales, para que puedan decidir conscientemente si desean invertir o no. Si por ejemplo tienes un amigo que se ofrece a invertir en tu proyecto, no le pidas que asuma riesgos innecesarios. Dile cómo has estructurado el proyecto, qué retornos puede esperar y cómo planeas garantizar esos pagos. Si te ajustas a estas reglas, incluso en tiempos difíciles podrán tener confianza en que harás todo lo posible por cumplir con tus compromisos.

Ahora que entiendes el valor de estructurar una idea y de respaldarla con recursos adecuados, estás listo para dar el siguiente paso. Así como un arquitecto convierte un boceto en planos detallados antes de construir un edificio, vamos a dar forma a tu idea para que sea un negocio sólido y con futuro.

> La estructura es el armazón que sostiene tu sueño y lo convierte en una realidad palpable. Ahora que comprendes su importancia, es momento de profundizar en el siguiente bloque: construir el plan de negocio, un paso esencial para materializar esa idea en un proyecto que tenga el potencial de durar y de crecer.

12

Original versus homenaje

Hasta un mes antes de conocer la existencia del coronavirus, llevé una rutina de cinco años viajando anualmente a China. Casi un mes completo cada vez, recorriendo ferias, fábricas y empapándome de su cultura. En esos viajes, vivía como un local: despertaba temprano, corría, desayunaba, visitaba la feria o fábricas y cuando tenía tiempo libre me lanzaba al caos urbano de Cantón o a hacer turismo por otras ciudades y pueblos, un auténtico universo paralelo para cualquiera que no haya experimentado el estilo de vida y los negocios chinos. Fue así como pude conocer de cerca la desconocida industria de la copia o, cómo descubrí que allí, ellos a copiar lo llamaban «homenaje».

Uno de los momentos más fascinantes lo viví junto a mi amiga Ting, a la que conocí contratándola como traductora en mi primera visita a China viajando solo. En una tarde libre, antes de ir a cenar a un restaurante tibetano que ella escogió, porque siempre me recomendaba restaurantes de gastronomía distinta de la china, me llevó a un mercado de ropa un tanto peculiar. No era como los centros comerciales a los que estamos acostumbrados, No era un centro comercial de marcas famosas, con escaleras mecánicas, aparcamiento subterráneo y lámparas de araña como los que conocemos, sino un espacio enorme, un edificio de varias plantas, caótico, lleno de montañas de prendas amontonadas sin orden, como en un mercadillo de esos de los pueblos de España con vendedores gritando: «¡Bragas a un euro!» o «¡Tejanos a diez, que me los quitan de las manos!». La sorpresa fue mayor cuando, al mirar entre la ropa, vi marcas de lujo que se venden en Europa a precios exorbitantes, que no sienten vergüenza por pegar su logotipo en camisetas fabricadas en China, Vietnam o India y cobrarlas a 1.000 euros. La verdad es que, mientras exista gente que esté dispuesta a pagar ese dinero, lo seguirán haciendo.

El poder de un logo me quedó claro al instante. Allí estaba el mismo producto, con el mismo diseño y, si me lo permites, probablemente hasta mejor fabricado que algunas piezas auténticas de esas marcas. Sin embargo, su precio era de apenas una pequeña fracción. Me dirigí a Ting y le pregunté si eran copias. Su respuesta fue inesperada y aguda: «No, son homenajes». Hostia, homenajes. La madre que los parió. No venden copias, venden homenajes a las marcas de lujo y eso les permite vender sus homenajes a precio de homenajes y no de copias. Vamos, que así venden diez veces más caro.

La palabra *homenaje* define, en muchos casos, la diferencia en la forma en que percibimos los productos. Ya eran las ocho de la tarde, hora de la cena, y las tiendas comenzaban a cerrar. Se abría entonces el auténtico negocio ubicado alrededor del enorme centro comercial. Centenares de bolsas industriales de basura y sonido de personas envolviéndolas en precinto, gritos y un trasiego de carros tirados por chinos cargados con aquellas enormes bolsas negras. Aquello no paraba: se iban los carros cargados y salían más bolsas por las puertas de emergencia del edificio y venga gente pegando etiquetas de envío y fumando compulsivamente. Los carros hacían viajes a las agencias de transporte para enviar los productos. Era hipnótico. Por si lo dudabas, esas enormes bolsas negras no estaban llenas de fruta del dragón. Toneladas y toneladas de productos falsificados salen cada día de viaje hacia lugares de todo el mundo. Seguro que incluso llegan a casa de algún famosillo de estos que lucen marcas de lujo que suman más de 3.000 euros en cada uno de sus *outfits*.

En fin, ya ves que, en China, a las copias no se las llama copias, se las llama homenajes, y éste es un punto que, ya te aviso, va a interesarte.

Como consumidores, muchas veces estamos dispuestos a pagar un precio desorbitado no por el producto en sí, sino por lo que representa, por lo que significa su logo y su marca. Cuando compramos algo caro, muchas veces no estamos comprando el producto en sí, sino la historia, el estatus o la exclusividad que simboliza. Esto lo vemos cada día: en el café que te comentaba que pagamos a más de 100 euros por kilo en cápsulas de aluminio, en el agua embotellada que cuesta cien veces más que el agua del grifo o en una camisa que sin el logo de una marca exclusiva podría parecer hasta ridícula y llenarse de polvo en un almacén. Son ejemplos de cómo el valor del «envoltorio», en este caso, de marca y presentación, nos lleva a pagar más por lo que contienen. Es una estrategia que convierte productos ordinarios en objetos de deseo.

Al emprender, la lección es que no es necesario inventar algo nuevo para tener éxito, sino redefinir lo existente. La clave está en darle un enfoque innovador a un producto o servicio que el mercado ya conoce, logrando que nuestra propuesta destaque en el mercado. Ejemplos sobran: Apple no inventó el teléfono móvil, pero redefinió su uso y su aspecto; Netflix no inventó las películas, pero revolucionó su distribución; McDonald's no inventó las hamburguesas, pero las convirtió en un símbolo global.

Este tipo de empresas han cambiado el juego porque tomaron algo existente y lo transformaron hasta el punto de revolucionar tanto el mercado que hoy parece que fueron los creadores. No se trata de copiar, sino de comprender el valor de una buena idea y ser lo suficientemente innovador para darle una identidad propia y distinta a la existente.

Un buen ejemplo para entender esta estrategia es el libro *La estrategia del océano azul* de W. Chan Kim y Renée Mauborgne. La premisa es sencilla: mientras la mayoría de las empresas compiten en «océanos rojos», mercados saturados y repletos tiburones en forma de competencia, la clave del éxito está en crear un espacio nuevo, un «océano azul» en el que el producto o servicio se destaque sin una competencia directa. El objetivo es que el mercado vea algo diferente y esté dispuesto a pagar más por ello. De hecho, en uno de mis proyectos actuales, del que quizás ya sepas algo al leer este libro, quiero aplicar esta estrategia en el ámbito del agua potable para el hogar. Se trata de un equipo de purificación de agua que el cliente paga en función del consumo real de litros, como si fuera un servicio público. Esta propuesta de valor se sale de los modelos actuales de venta de agua embotellada o alquiler de equipos, ofreciendo una alternativa sostenible y asequible que beneficia tanto al consumidor como al medioambiente.

La pregunta es ¿cómo construir una identidad de marca única?

A la hora de emprender, tienes dos caminos principales:

1. **Crear algo original y disruptivo.** Aquí es importante analizar tanto el mercado como las necesidades que pretendes cubrir. En este caso, el modelo DAFO (Debilidades, Amenazas, Fortalezas y Oportunidades) es una herramienta esencial. Con un análisis DAFO puedes tener una idea clara de las debilidades propias y amenazas externas que podrías enfrentar. Realizarlo te permite obtener una perspectiva amplia y anticiparte a posibles obstáculos. El desafío en esta opción es que, al ser disruptivo, te encuentras en un terreno nuevo y sin referencias, por lo que necesitarás un margen de adaptación más amplio.
2. **Revolucionar un modelo existente.** Ésta es mi opción favorita, ya que tiene una enorme ventaja: aprovechas algo que ya funciona, que está validado en el mercado, y le das un enfoque distinto. Evolucionar un modelo de negocio existente te permite la práctica de *benchmarking*, que en español significa *punto de referencia.* Obtienes la ventaja de que analizas a tus competidores para entender estrategias y aplicar las mejores prácticas ya utilizadas y

testadas por ellos. De ese modo, puedes reproducir o adaptar acciones para atraer al público. Cuando combinas esta práctica con la detección de vulnerabilidades en la competencia, puedes atacarla por dos flancos y crear nuevos clientes a la vez que les arrebatas los suyos. Aquí no se trata de ofrecer el producto más barato, sino de ofrecer el producto mejor presentado y con una propuesta de valor que solucione los problemas que otros no han abordado. Así, creas una diferencia significativa que atrae a los clientes de la competencia y amplía tu mercado.

En el mundo hay miles de empresas que, aunque hoy son ya grandes y reconocidas, fueron pequeñas y corrientes cuando se fundaron. Muchas de esas grandes marcas no fueron siquiera precursoras de un producto original, pero revolucionaron el mercado de tal manera que acabaron siendo consideradas así. Le dieron la vuelta como a un calcetín a la forma de ofrecer su producto o servicio y hoy casi todos pensamos que esas marcas fueron las inventoras, pero no es así.

Cuando Apple lanzó el iPad en 2010 no estaba inventando nada nuevo. Las tabletas ya existían desde 1968, cuando el informático Alan Kay lanzó la Dynabook, aunque sin éxito. Apple se enfocó en cubrir necesidades que ya estaban presentes pero que nadie había abordado de forma eficaz: la facilidad de uso, la integración de aplicaciones y el diseño intuitivo. Al convertir la tableta en una extensión del iPhone, lograron posicionarla entre el ordenador y el smartphone, creando un nuevo espacio de consumo. Era como un smartphone gigante que no permitía llamar. De hecho, parece que lo menos importante de un smartphone es que se pueda usar para llamar.

Éste es el tipo de modelo que tú también puedes aplicar: toma un producto existente, detecta sus limitaciones y presenta algo que lo haga más atractivo o fácil de usar. La innovación no siempre está en crear algo nuevo, sino en mejorar lo que ya existe.

En el camino de revolucionar un modelo existente, es crucial distinguir entre un producto caro y uno de alto precio. Ser «caro» implica que el valor del producto no justifica su precio, mientras que un producto de «alto precio» puede merecer cada céntimo si cumple con las expectativas de calidad y experiencia del cliente. A lo largo de mi carrera he aprendido que un negocio debe ofrecer siempre el valor justo de lo que se cobra por él; es la única manera de mantener una base de clientes sólida y satisfecha.

Al lanzarte a emprender, es normal que aparezca el «síndrome del impostor». Sentir que tu idea no es tan original o que otros la hacen mejor es algo común. Tiene varios síntomas, como el menospreciarte a ti mismo o, mejor dicho, subestimar tu capacidad, porque sueles compararte con marcas consolidadas o con equipos de trabajo con mucha experiencia acumulada. Inventor de la penicilina sólo hubo uno y se llamaba Alexander Fleming, así como la teoría de la relatividad fue desarrollada por una única persona llamada Albert Einstein. Son dos ejemplos y, más allá de que uno fuera inventor y el otro físico, los dos eran genios. No eran emprendedores, aunque seguro que usaron cualidades emprendedoras, como la de ARIA, para desarrollar sus proyectos.

Recuerda que, como emprendedor, lo que cuenta es la forma en la que presentas tu idea, cómo estructuras tu negocio y, sobre todo, cómo conviertes tu idea en una propuesta con una identidad única. Para esto necesitas convertirte en constructor. No basta con tener una idea; necesitas darle estructura, visión y un modelo de negocio que la sustente y la haga crecer. Aquí es donde deja de ser relevante si lo que vendes es un «homenaje» o un producto disruptivo. Lo que cuenta es que, cuando el cliente vea tu propuesta, sienta que no hay nada más en el mercado que pueda ofrecerle lo que tú has creado.

13

Lo justo

Llega el momento de pensar en la parte operativa del negocio, más concretamente en los roles y puestos necesarios para funcionar bien desde el inicio y en el futuro.

Al momento de estructurar el equipo, cada puesto y rol dentro del negocio tiene una función operativa concreta que debe estar bien definida desde el inicio. Es la forma lógica de pensar, pero estás pensando en modo cortoplacista y, como ya te he dicho, no es la forma acertada. Muchos emprendedores cometen el error de concentrarse en reducir costes inmediatos y buscan trabajadores baratos que puedan abarcar muchas tareas. Pero esta estrategia, aunque suene tentadora, suele llevar a problemas a largo plazo y frustraciones que pueden frenar el crecimiento de tu proyecto. En esta fase del negocio, la planificación de cada rol y su peso operativo es fundamental para construir una base sólida.

En este punto se trata de evitar que sufras frustraciones futuras por una mala elección de personal. Éste es el objetivo de esta parte del libro.

En esta etapa debes anticipar la estructura de personal necesaria para alcanzar tus metas sin comprometer el rendimiento ni los recursos. Aquí no se trata sólo de cubrir puestos; se trata de entender el rol de cada trabajador en el presente y a futuro, definiendo una estructura que soporte la visión y el propósito de tu negocio. Ten bien definido el número de trabajadores que necesitas para tu proyecto. Ya deberías tener un estudio de costes, márgenes, ofertas e incluso de ganancias y beneficios estimados.

Primero define los roles con claridad

Antes de determinar el número de trabajadores o el tipo de habilidades que necesitarás, debes entender los costes fijos y variables que tu proyecto puede soportar. El punto de equilibrio o *break-even point* te da esta medida clave, pues te permite saber cuántas ventas necesitas para cubrir todos los costes operativos sin obtener pérdidas ni beneficios. Este cálculo debe incluir no sólo el sueldo de cada trabajador, sino también tu propio salario en función de tu rol operativo sea como chef, gerente o técnico. La clave es definir el tipo de trabajo que realizarás y asignarte un sueldo real de mercado para ese puesto. El error de trabajar sin cobrar es más común de lo que parece y puede ser tan peligroso como trabajar sin un plan. Si llegas a enfermar o decides pasar tu rol a otra persona, tendrás que pagarle por su trabajo, y si no tienes en cuenta este aspecto, puedes perder el negocio y hasta tus ahorros. Aunque estés empezando y quizás no tengas trabajadores, una parte que debes proteger son las sensaciones que impactan directamente en tus emociones, como es el poder decidir si sigues trabajando cobrando tu sueldo o si decides dejar tu rol de trabajador, pones a otra persona en tu posición y le pagas a ella. Ser dueño y tener un puesto en la empresa pueden coincidir en la misma persona, pero no son lo mismo. Si no tienes esto presente, puedes acabar en la carrera de la rata si la empresa nunca te permite cobrar dividendos de los beneficios. No puedes trabajar gratis, es malo para la salud e insostenible para tu dignidad. Sin embargo, para cobrar beneficios sí que debes verte como un inversor y poner la mano cuando el año se haya cerrado bien financieramente, igual que no podrás hacerlo si no hay unos números que lo permitan.

Separa tu sueldo de los dividendos

En un negocio bien estructurado, el salario de cada rol operativo se calcula como una parte de los costes fijos, mientras que los dividendos o beneficios son una recompensa separada para los socios. La idea es que cualquier dueño-trabajador pueda delegar su puesto y mantener un sueldo por el rol que desempeña, y a su vez, recibir beneficios como socio cuando el negocio genere un excedente. Esto permite que el proyecto funcione sin necesidad de que tú estés en cada paso del proceso operativo y que eventualmente puedas vivir de los beneficios si decides dejar de trabajar activamente en la empresa.

Busca personal alineado con tu misión

Contratar a personas que comprendan el propósito de tu negocio y se identifiquen con él es vital. Al inicio, debes definir claramente la misión y la visión de tu empresa, ya que estos elementos son los cimientos sobre los que crecerá tu proyecto. La misión responde al «porqué» y «para qué» existe la empresa, mientras que la visión describe el horizonte al que quieres llegar. Sin tener bien definidos estos valores y propósitos, es difícil que tus trabajadores se sientan comprometidos con el éxito a largo plazo del negocio.

Por ejemplo, si diriges una empresa de servicios de salud, tu misión podría ser «mejorar la calidad de vida de las personas a través de servicios accesibles y de calidad», mientras que tu visión sería «convertirse en la empresa líder de bienestar accesible para todos». Definir estos puntos de manera precisa y comunicarlos a los empleados creará un ambiente en el que todos sepan hacia dónde se dirige la empresa y qué papel desempeñan dentro de ella.

Invierte en talento de calidad

Aquí está la esencia de cualquier negocio exitoso: invertir en talento que agregue valor. Más que buscar el trabajador con menor salario, es crucial buscar personas capacitadas, motivadas y alineadas con la misión y visión de la empresa. Ofrecer salarios competitivos que se ajusten a las exigencias del mercado hará que los empleados valoren su lugar de trabajo y aporten más valor. Un técnico que resuelve averías a tiempo, un comercial que entiende el mercado o un administrativo que prevé errores te ahorrarán costes a largo plazo, mientras que los trabajadores mal pagados o poco capacitados suelen sumar problemas y costes imprevistos. Tener buenos trabajadores no significa únicamente ofrecer salarios altos, sino compensaciones alineadas a los resultados. Esto no significa gastar de más ni tampoco pagar menos de lo justo; significa mantener un equilibrio realista. Una buena referencia de plazos para tomar decisiones salariales es tener en cuenta el corto (un año), el medio (dos a tres años) y el largo plazo (cuatro años en adelante), siendo este último un marco ideal para prever ajustes salariales o promociones de acuerdo con los objetivos del negocio y las expectativas de crecimiento.

La resistencia al cambio o cómo enfrentarse al «bicho bola»

Cada empresa en crecimiento tendrá que hacer frente a la resistencia al cambio. Los trabajadores acostumbrados a la estabilidad pueden aferrarse a la idea de que cualquier cambio representa un riesgo, y esto puede derivar en fricciones internas que frenan el crecimiento. Esta resistencia natural es lo que llamo el «síndrome del bicho bola». Así como esos isópodos se enrollan para protegerse al sentirse amenazados, algunos empleados reaccionan a los cambios con la misma rigidez y cautela. Es crucial anticiparse a esta resistencia y saber gestionarla. Debes implantar desde el principio una cultura de cambio para que todos comprendan que éste es parte de la evolución del negocio. Una buena estrategia es comunicarles que los cambios no sólo son necesarios, sino que traen beneficios para todos, alineando el crecimiento de la empresa con su estabilidad laboral.

El incentivo de los bonus y el salario variable

Una de las fórmulas más efectivas para mitigar la resistencia al cambio es implementar salarios variables y bonus basados en productividad y alineación con los valores de la empresa. Aparte de un salario de mercado, ofrece incentivos basados en el desempeño y el cumplimiento de objetivos específicos, como la satisfacción del cliente, la puntualidad o la eficiencia en la resolución de problemas. Este tipo de recompensa puede ser pequeña pero significativa, como una tarjeta regalo mensual para un servicio de entretenimiento o un detalle que haga sentir a cada trabajador parte de los logros de la empresa. La clave es que el incentivo sea visto como un reconocimiento que invite a mejorar continuamente. Obviamente puede ser retribuido con un porcentaje de las ventas.

Cuando implementas un esquema de salario base + bonus por resultados, cada trabajador entiende que su esfuerzo adicional le reportará beneficios. Este modelo es aplicable a cualquier puesto y ayuda a que los empleados adopten un sentido de pertenencia y una actitud proactiva hacia la evolución de la empresa.

Fomenta la mentalidad de socio

Haz que los empleados sientan la empresa como suya. Un trabajador que se identifica con la empresa actuará de manera coherente con los valores y objetivos del negocio, entendiendo que su crecimiento depende en gran medida del éxito colectivo. Puedes lograrlo, como te decía en el punto anterior, con incentivos basados en beneficios y rendimiento que premien la consecución de objetivos a corto plazo, pero también a largo plazo como incluir participaciones u opciones de compra en casos de empleados clave. Esto puede transformar a los trabajadores en auténticos defensores de la empresa, facilitando su compromiso con los cambios y el crecimiento.

El mejor consejo que puedo darte para evitar la resistencia al cambio y garantizar el compromiso a largo plazo es aplicar la siguiente fórmula:

Salario de mercado + bonus por resultados extraordinarios

Un esquema como éste permite que tus empleados sientan que su esfuerzo extra tiene un valor real y que no sólo trabajan por cumplir, sino para lograr resultados que los beneficien a ellos tanto como a la empresa. Esto hace que los empleados se sientan valorados y estén más dispuestos a involucrarse activamente en la evolución de la empresa.

Definir un equipo no se trata sólo de cubrir puestos, sino de crear una estructura alineada con el propósito y la visión del negocio. Son como una extensión de ti como emprendedor. Cada miembro debe entender su papel en la organización y debe sentir que su trabajo es valorado, que tiene impacto en el resultado y que existe un incentivo real para crecer y evolucionar. En la estructura de tu negocio, los salarios y bonus variables son una inversión en la motivación y el rendimiento de tu equipo. Al crear una cultura de trabajo sólida y bien estructurada, estarás construyendo una empresa sostenible y con potencial de crecimiento a largo plazo.

14

Talento, talante y equipo

El equipo de personas que te acompañe en tu proyecto será una de las claves de tu éxito o fracaso. Esto vale tanto si trabajas con un equipo desde el principio, como si, con el tiempo, decides contar con trabajadores, colaboradores o socios. Independientemente de su tamaño, la selección y gestión del equipo de una empresa es esencial, y en este capítulo te hablaré del valor de contar con el talento y el talante adecuados.

El talento y el talante son la combinación perfecta, sobre eso no cabe ninguna duda. Es fácil pensar que el talento es lo más importante en una contratación, pero es sólo una parte del rompecabezas. Talento y talante deben ir de la mano para construir una cultura de trabajo sólida y efectiva. Cuando hablo de talento, me refiero a la capacidad de una persona para aprender, adaptarse y aportar valor al proyecto. Es la habilidad de sumar al equipo con conocimientos, habilidades técnicas o experiencia, y no necesariamente nace con la persona, sino que puede cultivarse con la actitud y la disposición correctas. Es cierto que el talento también puede venir de serie, pero ése tiene pocos quilates, por lo que el talento bueno y puro es la capacidad de aprender: si abres tu perspectiva y cultivas la avidez, el talento aflorará y te reportará resultados mejores. Por otro lado, el talante tiene que ver con la personalidad y la actitud de cada individuo, con su capacidad de convivir, colaborar y sumar en lugar de restar. A diferencia del talento, el talante no puede desarrollarse con formación o aprendizaje técnico: es la esencia del carácter de cada persona. Se puede tener un talante de buena persona, dialogante, autoritaria, positiva o negativa, entre otros. Ten en cuenta esto cuando te plantees lanzar un proyecto. Porque irremediablemente tendrás que hacerlo acompañado desde el inicio o después de un tiempo, de forma directa o indirecta, con empleados o colaboradores.

Lo anterior hace que, en la práctica, el talante sea más relevante que el talento para la construcción y crecimiento de un equipo. Un empleado con talante positivo ayuda a mantener la cohesión y la moral del grupo, mientras que uno con talante tóxico, por mucho talento que tenga, puede ser destructivo.

Para crear un puzle efectivo es indispensable definir roles. A la hora de formar un equipo, cada miembro debe cumplir una función específica que encaje en la estructura de tu proyecto. Un equipo no es una simple suma de personas, no es lo mismo que un grupo de personas; es una interacción de piezas en un puzle, donde cada una debe aportar algo único y complementario. Si bien el talento te ayuda a encontrar personas capaces, el talante es lo que asegura que esas piezas encajen sin fricciones y que el equipo funcione como una unidad. Contratar únicamente por el talento puede parecer atractivo, pero acaba llevando a conflictos entre departamentos o en el mismo departamento, y perjudica en la cohesión si los valores y actitudes de las personas no se alinean con los de la empresa. Por ejemplo, podrías contratar a alguien extremadamente talentoso, pero si esa persona tiene un talante negativo o conflictivo, el resto del equipo sufrirá las consecuencias.

Una buena práctica es contratar valorando ambas cosas desde el inicio: el talento para aportar habilidades, y el talante para mantener la armonía y construir una cultura de equipo sólida. Este enfoque te permitirá formar un equipo de trabajo cohesionado, donde cada miembro contribuya al propósito de la empresa y a la realización del proyecto colectivo.

Paga por talento y retén con talante. El talento cuesta bastante dinero, y, si quieres un equipo de calidad, deberás invertir en él. Aquí entra en juego la importancia de los incentivos. Un sueldo base competitivo acorde al mercado es sólo el comienzo; los incentivos, como bonus por resultados y beneficios adicionales, son los que ayudarán a mantener la motivación y el compromiso de tus empleados a largo plazo. Pero no caigas en el error de pensar que un salario elevado garantiza un rendimiento óptimo. Sin objetivos claros y alineados con el propósito de la empresa, el rendimiento puede estancarse y la productividad caer. Los incentivos no se limitan a dinero. La flexibilidad en el trabajo, la posibilidad de teletrabajar, días adicionales de descanso, beneficios en productos o servicios de la empresa, y la formación continua pueden ser tan valiosos como una compensación monetaria. Escoge personas con hambre de aprender y evolucionar, que valoren estos beneficios como parte de su desarrollo personal y profesional. Esto puede ayudarte a identificar a aquellos que no sólo buscan un salario, sino un entorno de trabajo donde puedan perdurar y crecer.

Detecta y gestiona el talante. El talante es más difícil de medir en un currículum o en una entrevista, pero hay formas de identificarlo. Observa la forma en que un candidato responde a preguntas sobre trabajo en equipo, su actitud ante desafíos o su reacción frente a situaciones incómodas. Las personas con talante positivo suelen destacar por su flexibilidad, capacidad de diálogo y humildad para reconocer errores y aprender de ellos. El talante negativo, por el contrario, puede reflejarse en una actitud arrogante, en críticas constantes hacia los demás o en la resistencia al cambio.

En una ocasión tuve en mi equipo a alguien con excelentes resultados y una gran capacidad para atraer clientes. Sin embargo, su actitud con el equipo era un problema constante: su trato era frío, daba poco *feedback* a sus compañeros y mostraba poco respeto hacia el esfuerzo colectivo. Aunque su rendimiento era notable, su falta de empatía y talante positivo acabaron por afectar a la moral del equipo. La lección fue clara: el talento puede hacer que la empresa avance, pero el talante inadecuado puede dañar profundamente la cultura de equipo y su estabilidad. El resultado fue que aquella persona fue despedida de la empresa ante las reiteradas advertencias sobre su comportamiento con el resto de los compañeros.

Uno de los errores comunes al contratar es, la falsa ilusión del «buen trabajador», buscar únicamente a personas que encajen en una casilla de «buen trabajador» según las expectativas de resultados individuales. El peligro de esta visión es que conduce a una mentalidad cortoplacista, donde el rendimiento inmediato es más valorado que el trabajo en equipo o el potencial de crecimiento conjunto. Yo caí en este error varias veces y te aseguro que no hay dinero que pague la factura que te pasa en el futuro.

Imagina que contratas a una persona increíblemente eficiente en ventas, pero que constantemente se centra en su propio éxito sin importar el de la empresa o el del equipo. Si bien podrías ver un aumento de ingresos a corto plazo, el resto de los empleados podría sentirse desmotivado o presionado por una dinámica competitiva malsana. En un equipo, los éxitos individuales no deben pesar más que el colectivo: un verdadero equipo se construye con personas que ven el éxito de la empresa como el resultado de un esfuerzo común y no de victorias individuales.

Así pues, la forma de tener y retener talento es que trabaje por objetivos, como ya te he contado, y, aunque los calientasillas y acomodados se rasgarán las vestiduras si leen esto, soy un firme defensor de un salario base acorde con el mercado y la posición, pero con la posibilidad de que todo aquel que esté implicado en la consecución de los objetivos acceda a bonus y extras en su salario y condiciones de trabajo. Confiar en que un trabajador se va a esforzar más de lo necesario por el mero hecho de cobrar bien es un lujo que como empresario no puedes permitirte. Nadie te dirá nunca que cobra más de lo que merece. Esto es de primero de «Escuela de la Calle», no hace falta ser empresario para saberlo. Puede salirte bien una de cada cien veces, pero no puedes permitirte cien oportunidades. Como norma, las personas se relajan en cuanto ven que su salario está asegurado y no peligra. Además, como vivimos en un país en el que el trabajador, mientras no mate a nadie, es intocable, cuanto más tiempo trabaje en la empresa, su finiquito crecerá y cada vez tendrá más poder para hacer lo que le dé la real gana. Y a ti te costará más dinero prescindir de él si no cumple con lo pactado cuando comenzó. Los despidos procedentes por bajo rendimiento son una falacia en este país y no hay forma de demostrarlo, aunque tengas datos, y perderás en cualquier juzgado. El mal llamado finiquito, que en realidad se llama indemnización por despido, es el motivo de que en España existan tantas personas trabajando en un lugar que odian, amargados, fastidiando a los demás y esperando a que los echen para cobrar una indemnización e irse con los bolsillos llenos por no hacer bien su trabajo. Por ese mismo motivo, las empresas no contratan tanto como lo harían o asumen mantener a trabajadores que podrían ser reemplazados por personas con más ilusión y ganas de aportar.

Te voy a contar algo sobre un concepto llamado orgullo de pertenencia. En un negocio es el sentimiento de satisfacción y valor que experimentan los empleados al formar parte de una organización. Es una conexión emocional que trasciende las tareas diarias y los hace sentir que su trabajo contribuye a un propósito mayor y significativo, lo que eleva su compromiso y dedicación. Cuando los empleados sienten orgullo de pertenecer a una empresa, están motivados para dar lo mejor de sí mismos, colaborar en equipo y promover una cultura positiva que beneficia tanto al ambiente laboral como a la reputación del negocio. Este orgullo se cultiva mediante un liderazgo genuino, una misión clara, valores sólidos y un entorno donde cada miembro se siente valorado y respetado. En definitiva, el orgullo de pertenencia es un factor clave para retener el talento, impulsar el rendimiento y fomentar un sentido de lealtad y responsabilidad compartida en la empresa.

Cervezas Damm me sirve como un ejemplo notable de cómo una marca puede fomentar el orgullo de pertenencia y reforzar su identidad a través de campañas publicitarias cuidadosamente diseñadas. A pesar de ser una empresa centenaria y consolidada en el mercado, Damm se reinventó hace algunos años con una serie de campañas bajo el concepto «Mediterráneamente», que no sólo generaron una imagen de marca distintiva, sino que también reforzaron el sentido de pertenencia entre sus trabajadores y clientes.

El enfoque de «Mediterráneamente» no sólo habla de la cerveza, sino del estilo de vida mediterráneo, celebrando el sol, el mar, la comida, y la cultura local. Esta estrategia hizo que Damm no sólo se posicionara como una marca de cerveza, sino como un símbolo de la identidad mediterránea. Esta visión integradora y representativa se tradujo en un gran orgullo para los trabajadores, ya que se vieron asociados a una marca que no sólo fabrica cerveza, sino que representa una cultura que ellos mismos viven y comparten. De este modo, los empleados sintieron que no sólo vendían un producto, sino que formaban parte de una filosofía de vida que contribuye a representar los valores y tradiciones de su entorno.

Internamente, Damm incentivó este orgullo de pertenencia apoyando actividades que refuerzan el vínculo cultural y la cercanía entre sus empleados, como eventos corporativos en playas, promociones exclusivas para ellos y la oportunidad de ser embajadores de la marca en iniciativas locales. Esta aproximación generó un impacto profundo en el equipo, que ahora no sólo trabaja para una cervecera, sino para una marca que representa sus propios valores y su cultura. Esta identidad compartida y el orgullo por ser parte de algo más grande ha fortalecido la lealtad de los empleados, convirtiéndolos en auténticos embajadores de marca dentro y fuera de su entorno laboral.

La campaña «Mediterráneamente» y el enfoque cultural fueron tan potentes que la marca logró conectar emocionalmente con sus consumidores y empleados, consolidando a Cervezas Damm como un emblema del estilo de vida mediterráneo en lugar de sólo una marca de cerveza.

Te planteo a continuación a modo de resumen algunas fórmulas para incentivar el compromiso y orgullo de pertenencia en tus trabajadores:

Recompensas no económicas

El dinero es un gran motivador, pero no el único. En una empresa bien estructurada, la motivación debe ir mucho más allá de un cheque a fin de mes. Para lograrlo, puedes ofrecer beneficios alternativos que fomenten un sentido de pertenencia y compromiso con el proyecto. Algunas ideas para inspirar a tu equipo incluyen:

- **Desarrollo personal y profesional.** Ofrecer formación o asistir a conferencias y eventos relevantes para sus roles.
- **Flexibilidad.** Posibilidad de trabajar en remoto o con un formato híbrido que les permita organizarse según sus necesidades y conciliar mejor con su vida personal.
- **Reconocimientos simbólicos.** Premiar el esfuerzo con gestos pequeños, como un agradecimiento público en reuniones o un «día de descanso extra» al lograr un objetivo.
- **Experiencias personalizadas.** Permitir que el empleado elija una actividad de desarrollo personal o de equipo, como una capacitación especializada o un evento fuera de la oficina (por ejemplo, una cena con el equipo o una actividad de voluntariado relacionada con la misión de la empresa).
- **Programa de embajadores internos.** Invitar a ciertos empleados a convertirse en «embajadores de la empresa» y darles la oportunidad de representar a la organización en eventos, ferias o capacitaciones externas. Esto los hace sentir parte fundamental del crecimiento y éxito de la empresa.

Cada una de estas acciones puede reforzar el vínculo entre el trabajador y la empresa, haciendo que se sienta valorado y parte integral del éxito colectivo. La clave es mostrar que los valoras más allá del talento, como por ejemplo el esfuerzo y la actitud que ponen día a día en el trabajo.

Otra de las preguntas clave es la siguiente: ¿contratar amigos y familiares?

Muchos emprendedores caen en la tentación de contratar amigos o familiares para ocupar los primeros puestos en su empresa, pensando que la confianza previa puede hacerlo todo más sencillo. Sin embargo, ésta es una de las decisiones que más compromete la estabilidad del negocio. Contratar a alguien sólo por afinidad o por lazos familiares puede limitar el crecimiento del negocio, especialmente si esa persona carece de talento o de un talante adecuado para el trabajo en equipo. Vale más ayudarle con lo que ganas que pagarle un salario y perder mucho más dinero.

Contratar a conocidos parece una ventaja al inicio, pero una cosa es la relación personal y otra la laboral. Si no encajan en la cultura o en los valores de la empresa, pronto se convertirán en una carga. El verdadero equipo está formado por personas que comparten tu misión y visión, y que están comprometidas con el crecimiento mutuo, no por la familiaridad o el vínculo personal.

Aprende a escuchar a tu intuición. Cuando se trata de construir un equipo, escucha tu intuición de nuevo. Si tienes dudas sobre el talante o la disposición de una persona, es mejor ser cauteloso. Considera un período de prueba donde puedas observar si la persona se adapta a la cultura de la empresa y contribuye al ambiente que quieres crear. Como decía un profesor que tuve, «aprendamos a pensar más con el estómago y menos con la cabeza». No ignores las señales que te indican si una persona encajará o no en el equipo; el instinto es un gran aliado en la selección del personal de tu empresa.

La combinación de talento y talante crea la cultura de un equipo. Si bien el talento es una capacidad técnica o funcional, el talante determina si esa persona aporta positivamente a la dinámica grupal. Crear una cultura de empresa sólida comienza por definir los valores y el propósito de tu negocio y asegurarte de que cada persona en tu equipo los respete y los comparta.

La verdadera magia de un equipo está en el equilibrio entre talento y talante. La fórmula para conseguirlo podría resumirse así: «Paga el talento, construye el talante, y tu equipo crecerá contigo».

Recuerda que las personas con las que trabajas son las piezas que harán que tu negocio avance o se estanque. Escoge con cuidado y fomenta un ambiente donde el compromiso, el aprendizaje y la colaboración se valoren tanto como los resultados económicos.

15

Sueña pequeño, piensa grande

Consolidar un nuevo negocio requiere recorrer varias fases y tomar decisiones estratégicas en cada etapa. Primero surge la idea, luego llega la planificación de la forma de llevarla a cabo y finalmente el lanzamiento. Una vez que tu negocio está en marcha, la siguiente fase es la gestión y el crecimiento. Es aquí donde descubrirás que la estructura y planificación inicial determinarán si tu empresa puede crecer siendo flexible y sin fracturarse o si, por el contrario, es rígida y cada paso se volverá una carga. La esencia del emprendimiento está en pensar en grande desde el principio, construyendo sobre cimientos sólidos.

Un negocio es como una construcción: no puedes añadir una planta más a una casa si su estructura no está preparada para soportar el peso. Del mismo modo, un negocio que crece sin una planificación adecuada terminará tambaleándose. Lo ideal es planificar desde el principio para soportar el crecimiento, pero si ya has comenzado sin una estructura sólida, tendrás que reforzar tus bases y adaptarlas para poder crecer. Será un proceso más arduo y costoso, pero te ahorrará muchos problemas futuros.

A continuación voy a compartirte las claves que necesitas para consolidar un negocio y estructurarlo de tal forma que puedas escalarlo sin colapsar. Este proceso te ayudará a transformar ideas y sueños en una realidad empresarial sólida.

1. Fase de despegue: deja volar la imaginación

El primer paso es dejar que tus ideas fluyan sin restricciones. Piensa en lo que deseas crear sin preocuparte aún de cómo lo harás. Esta etapa es fundamental para explorar la esencia de tu idea. ¿Qué valor único quieres ofrecer? ¿Qué necesidad del mercado pretendes cubrir? Aquí puedes darte el lujo de soñar en grande, imaginar sin límites y visualizar lo que deseas construir.

Un buen ejemplo de esta fase es el de Walt Disney, quien comenzó con una idea simple y apasionante: contar historias para llevar a las personas a un mundo de magia y fantasía. Disney no se frenó en la concepción de su idea, sino que exploró todas las formas en las que podría dar vida a sus personajes. Su visión de crear mundos imaginarios comenzó con pequeños bocetos, pero fue el punto de partida de un imperio que revolucionó la industria del entretenimiento. Al igual que Disney, no frenes tus ideas al principio; permítete visualizar cómo tu proyecto podría impresionar a los demás sin siquiera saber si es posible o no llevarlo a cabo.

En esta etapa de despegue, herramientas como el *brainstorming* y el *design thinking* pueden ser grandes aliadas. El *brainstorming* o «lluvia de ideas» permite explorar libremente todas las ideas posibles, fomentando un ambiente en el que la creatividad fluye sin restricciones y donde cualquier propuesta, por arriesgada o atípica que parezca, encuentra su espacio. Este método es especialmente útil para descubrir ángulos innovadores o detectar áreas de oportunidad que podrías pasar por alto al principio. Por otro lado, el *design thinking* aporta estructura a ese torrente de ideas, guiándote paso a paso para definir cómo resolver las necesidades del cliente a través de enfoques prácticos y centrados en el usuario. Esta metodología, utilizada por empresas como IBM y Nike, ayuda a filtrar y mejorar las ideas iniciales, alineándolas con lo que realmente aportará valor en el mercado.

2. Fase de aterrizaje: el análisis

Después de liberar la creatividad, es momento de aterrizar la idea en la realidad. Aquí es donde analizas cómo materializar tus sueños y cómo encajan en el mercado. Para ello, sigue estos pasos:

- **Análisis del mercado.** Investiga las necesidades de tus futuros clientes, la demanda existente y las tendencias. Es importante comprender si tu propuesta tiene espacio en el mercado.
- **Competencia.** Observa a tus competidores para identificar en qué se destacan y cuáles son sus debilidades. Esto te permitirá diseñar una ventaja competitiva.
- **Público objetivo.** Identifica quiénes serán tus clientes y estudia sus hábitos de compra. Éste es un punto crucial para poder segmentar, ya que dirigirse a todos de manera indiscriminada es como lanzar flechas al aire sin saber adónde apuntar.
- **Análisis financiero.** Calcula los recursos necesarios y proyecta diferentes escenarios financieros. Aquí es donde tu idea comienza a aterrizar y puedes empezar a ver si realmente es viable.

Una herramienta útil en esta fase es el modelo de Las cinco fuerzas de Porter, que te permite comprender los factores que pueden influir en tu éxito, como el poder de negociación de los proveedores, la competencia y las amenazas de productos sustitutos. El uso de esta herramienta te ayudará a planificar una estrategia sólida.

La fase de aterrizaje es donde aterrizamos las ideas y bajamos a tierra toda la inspiración inicial para identificar los desafíos y oportunidades reales que encontraremos en el mercado. Imagina esta fase como las pruebas de seguridad de un avión antes de volar: verificamos cada aspecto técnico y funcional para asegurar que está listo para despegar. En el análisis, debes observar a tu competencia, evaluar la demanda de tus potenciales clientes y entender el comportamiento del mercado. Supongamos que tienes una idea de negocio sobre una plataforma de comida a domicilio, como lo fue *Uber Eats* en sus inicios. En esta fase, su equipo analizó la estructura de precios de otros servicios, el tamaño del mercado, y hasta detalles como la variedad de tipos de restaurantes que podía integrar en su plataforma. Sin una comprensión clara de estos factores, la expansión rápida y el éxito de *Uber Eats* no habrían sido posibles. Aterrizar la idea y entender los datos reales permite establecer bases sólidas para construir el resto del plan.

3. Fase de diagnóstico: identifica problemas y oportunidades

Una vez que tienes los datos de tu análisis, es momento de construir un diagnóstico. Esta fase te permite tomar decisiones informadas y transformar tus ideas en un plan estructurado. Evalúa los recursos que tienes, las debilidades, las fortalezas y las áreas de oportunidad para ir consolidando las bases de tu negocio.

Aquí es donde, con el análisis y diagnóstico completo, puedes decidir si tu idea tiene futuro o si necesitas ajustar aspectos críticos. Asegúrate de ser riguroso y objetivo con los resultados para no caer en sesgos optimistas. Así evitas construir una estructura sobre suposiciones poco realistas.

Dentro de este apartado es muy recomendable definir un Producto Mínimo Viable (MVP, por sus siglas en inglés), que es una de las mejores estrategias para validar tu idea con el menor riesgo posible. Un MVP se trata de lanzar al mercado una versión simplificada de tu producto o servicio que incluya sólo las funciones esenciales que resuelven el problema principal de tu cliente objetivo. Este enfoque te permite obtener retroalimentación temprana y validar la demanda real antes de dedicar más recursos y tiempo en el desarrollo completo. Piensa en el MVP como una versión 'beta' de tu proyecto: es lo suficientemente funcional como para cumplir con el propósito principal, pero permite hacer ajustes sin grandes costes. Además, lanzar un MVP te da la ventaja de entender mejor el mercado y adaptar tu oferta para alinearla más con las necesidades reales del cliente, convirtiendo así el diagnóstico en acción y las ideas en oportunidades tangibles.

Este enfoque permite que, antes de pasar a la ejecución completa del plan de negocio y marketing, cuentes con datos reales y *feedback* directo del mercado, optimizando el desarrollo de estrategias y recursos a medida que avances.

4. La estrategia: un plan de crecimiento estructurado

La fase de estrategia consiste en estructurar cómo llevarás a cabo tu negocio. Aquí estableces el mercado objetivo, la propuesta de valor única, los canales de distribución, y las estrategias de marketing y comunicación. Éste es el corazón de tu proyecto. Piensa en cómo posicionarte en el mercado y asegúrate de desarrollar estrategias diferenciadoras que te permitan destacarte.

Un gran ejemplo de estrategia sólida y estructurada es Starbucks. La compañía comenzó con un concepto relativamente sencillo: vender café de alta calidad en un ambiente agradable. Pero lo que realmente impulsó el crecimiento de Starbucks fue su estrategia de experiencia de cliente.

Starbucks no se limitó a vender café. Desde el inicio, la marca buscó crear un «tercer lugar» para las personas, un espacio neutro, nada hostil y más bien amigable emocionalmente donde los clientes pudieran relajarse, trabajar o socializar, entre su casa y su lugar de trabajo. Esta visión del «tercer lugar» permitió a Starbucks diferenciarse de los demás cafés y competir en algo mucho más amplio que el café en sí: la experiencia de tomarse un descanso en un entorno acogedor.

Además, Starbucks estructuró su crecimiento con un enfoque en la personalización y la consistencia. La empresa se aseguró de que cada tienda mantuviera una atmósfera y servicio similares, independientemente de su ubicación. Esto se complementa con una fuerte apuesta por la personalización, permitiendo a los clientes adaptar sus bebidas a su gusto. Al centrarse en la experiencia y la personalización, Starbucks no sólo logró fidelizar a sus clientes, sino que también creó una comunidad leal y un sentido de pertenencia alrededor de su marca.

Para dar soporte a esta estrategia, Starbucks también implementó una sólida estrategia de expansión internacional. La marca desarrolló alianzas locales en cada región, permitiendo adaptar ciertos aspectos de sus productos y experiencias a las preferencias culturales de cada mercado. Esto le permitió crecer rápidamente en países con culturas diversas sin perder su identidad global.

Con estas estrategias bien estructuradas, Starbucks consolidó su posición como líder en el sector del café y creó un modelo difícil de replicar. Hoy en día, Starbucks es un referente de cómo una marca puede transformar un producto simple en una experiencia integral que ofrece valor añadido, marcando la diferencia en un mercado competitivo y cobrando diez veces más por ello.

5. Plan de acción: de la teoría a la práctica

En esta fase, los sueños y la planificación se convierten en acciones concretas. Es momento de implementar tu estrategia y establecer un plan de ejecución con plazos específicos. Define los objetivos, asigna responsabilidades y detalla los recursos necesarios.

Aquí tienes algunos puntos clave a considerar:

- **Los KPI (indicadores clave de rendimiento).** Permiten medir si las acciones que se están llevando a cabo nos están acercando a nuestros objetivos estratégicos. Los KPI convierten las metas generales en números concretos: desde el coste de adquisición de clientes y la tasa de retención, hasta el rendimiento por campaña de marketing o la eficiencia en la producción. Al definir estos indicadores, asegúrate de que sean específicos y medibles, para poder evaluar el avance de cada aspecto de tu negocio de manera realista.

- **Objetivos SMART.** Los objetivos SMART reciben su nombre porque cada letra representa un criterio específico que debe cumplir un objetivo para que sea efectivo y alcanzable. SMART es un acrónimo en inglés que significa que los objetivos deben ser específicos, medibles, alcanzables, realistas y con un plazo definido.
- **Presupuesto.** Define cuánto invertirás en cada área y asegúrate de contar con los recursos necesarios.
- **Responsabilidades y plazos.** Asigna tareas claras y establece fechas de entrega. Una buena ejecución depende de que todos en el equipo tengan una responsabilidad definida.

Un plan de acción bien estructurado permite que, incluso si surgen obstáculos, puedas enfrentarlos con agilidad y flexibilidad. Recuerda que esta fase marca el inicio real de tu negocio en el mercado.

El plan de acción es el momento de trasladar toda la teoría acumulada a pasos específicos y concretos, llevando la planificación a la práctica para ejecutar la estrategia y alcanzar los objetivos marcados. Así como un arquitecto traduce sus planos a acciones específicas de construcción, en el plan de acción definimos cada tarea, sus responsables, el tiempo y los recursos necesarios para realizarlas.

Es el momento de ser meticuloso: aquí ya no sólo hablamos de «atraer clientes», sino de acciones precisas como lanzar campañas publicitarias, asignar responsables de servicio al cliente o programar entregas.

Una buena práctica de referencia es el plan de lanzamiento Tesla, que suele integrar una detallada serie de pasos desde el diseño inicial, hasta el prototipo, las pruebas de fábrica, el marketing y el seguimiento de entregas al cliente. Con este tipo de planificación estructurada, es posible asegurarse de que todos los elementos se integren para lograr un lanzamiento efectivo y mantener el progreso positivo en cada fase del negocio.

Claves para consolidar tu negocio

Para cerrar este capítulo, ten en cuenta los siguientes consejos clave que he aprendido en mi propio recorrido y de los errores y aciertos de otros emprendedores:

- **Objetividad.** No te dejes llevar por sesgos. Sé realista en cada etapa y no maquilles los datos.
- **Responde preguntas difíciles.** No huyas de los temas incómodos o de las posibles debilidades de tu proyecto.
- **Pruebas de bajo riesgo.** Si necesitas experimentar, realiza pruebas con bajo impacto financiero. Los test A/B, por ejemplo, te permiten probar dos opciones en paralelo para identificar la más efectiva.
- **Cuidado con diagnosticar antes de analizar.** No confundas los cimientos con el plano. Asegúrate de que cada fase esté respaldada por información previa sobre datos reales.
- ***Networking* y consulta externa.** Conversa con otros emprendedores, consulta a expertos y participa en espacios de debate para ampliar tus conocimientos y puntos de vista.

Construir un negocio es un proceso apasionante, pero requiere disciplina y paciencia. Con una base sólida y una estrategia bien estructurada, estarás preparado para afrontar los desafíos y para alcanzar el éxito de manera sostenida y realista.

16

Gen X

Los emprendedores nos caracterizamos por ser personas de acción, apasionadas y dispuestas a poner en marcha nuestras ideas. Más que los procesos, la pasión es nuestra virtud, sin embargo, si se apodera de la paciencia y la eclipsa, se convierte en un defecto. Aprender a tener visión de futuro es una habilidad que debemos desarrollar, es la clave para construir un negocio sólido y entender que las decisiones iniciales influirán en el camino que tomará el proyecto en el futuro.

Pensemos en el punto de partida: cuando inicias un negocio, uno de los primeros desafíos es gestionar los costes fijos, no hay duda, porque son aquellos que debes cubrir cada mes, aunque no generes ingresos. Son como el villano silencioso en tus cuentas, pues los vas acumulando sin notar su peso real hasta el final del mes. Contratar personal, por ejemplo, puede ser como tener una tarjeta de crédito. Cada nuevo empleado supone un incremento en el gasto mensual, incluyendo salarios, contribuciones a la Seguridad Social y otros gastos. Esto es esencial para el crecimiento, pero debes planificarlo en función de la proyección del negocio y no sólo de la necesidad momentánea. Ojito con estos costes, que son los traviesos de la clase.

La planificación en términos de costes no es sólo una tarea de supervivencia, sino una estrategia para posicionarte en el mercado de forma sostenible. Empresas como Amazon, en sus primeros años, adoptaron un enfoque a largo plazo, sacrificando beneficios inmediatos por una expansión sostenida. Jeff Bezos centró la atención en construir una estructura organizativa sólida y en reinvertir las ganancias para escalar sin comprometer la estabilidad de la empresa. Este enfoque le permitió hacer crecer su marca desde una tienda online de libros hasta la gigantesca empresa global que conocemos hoy. Bezos y su equipo hicieron un cálculo que todo emprendedor debería considerar: la sostenibilidad no se logra pensando sólo en el presente; se construye proyectando el negocio hacia el futuro.

No puedes simplemente lanzarte al mercado y «ver qué pasa». Pensar en el largo plazo implica prepararte para diferentes escenarios: tanto los alentadores como los menos favorables. Tener un plan a largo plazo es tan necesario como llevar brújula en la selva. Puedes moverte en cualquier dirección, pero si pierdes de vista tus referencias o puntos de control, te arriesgas a perderte. Cada decisión, grande o pequeña, debe proyectarse en función de lo que sucederá en el futuro si optamos por una u otra opción.

El sacrificio inicial de emprender es otra de las realidades que rara vez se destaca. Los emprendedores genuinos dedican sus ahorros, sus horas y, muchas veces, hasta el apoyo de amigos y familiares para levantar el negocio. Trabajas el doble, siete días a la semana, y te pasas las veinticuatro horas del día pensando en los entresijos de tu negocio y cómo mejorarlo. Lo haces con gusto porque quieres el queso como recompensa que hay tras todo ese sobresfuerzo, pero todo ese sacrificio no puede ni debe perpetuarse. Este esfuerzo emocional excesivo no puede ser eterno, hay que limitarlo; lo ideal es que consigas pronto que tu negocio crezca de forma natural y comience a sostenerse orgánicamente por sí mismo, sin que te conviertas en prisionero de tu propia creación. Emprender requiere más que ser bueno trabajando en tu sector, debes aprender a delegar y a manejar el estrés inicial, para ir bajando revoluciones. Se dice que el negocio es como un hijo: necesita cuidados, educación, y disciplina desde el inicio para que, llegado el momento, pueda seguir adelante por su cuenta. Evita la falta de atención en el inicio, porque sin que te des cuenta se vuelve un adolescente y como no hayas invertido el tiempo necesario en educarlo durante la infancia, de mayor se te comerá con patatas y ya no habrá vuelta atrás.

Separar el trabajo del ocio es otra habilidad esencial. Aunque puede ser complicado dejar de pensar en el negocio, debes ser consciente de la importancia de desconectar para reconectar. Como el móvil con poca batería debes ponerte a cargar para volver a tope. La creatividad y el descanso no son caprichos, sino una parte esencial de un buen rendimiento. Marcas como Google fomentan espacios de ocio y tiempo de calidad entre sus empleados para cultivar su creatividad y evitar el *burnout* que es como un apagón mental por la excesiva presión. Esto mismo deberías aplicarlo a nivel personal: si no aprendes a desconectar, puedes caer en el *overthinking*, es decir, en un ciclo de pensamientos laborales excesivos que desgastan y afectan a tu bienestar. Recuerda que en el trabajo, como en la vida, el pensamiento excesivo en el futuro genera ansiedad y en el pasado y presente, depresión.

Escalar un negocio implica que lo prepares desde el principio para su crecimiento, y aquí entra en juego un concepto importante: el «Gen X». Consiste en hacer el ejercicio de proyectar cada decisión multiplicando su incidencia en el negocio por diez. Por ejemplo, si te dedicas a dar atención al cliente y al principio atiendes a diez por teléfono, pregúntate cómo cambiaría tu operativa si de repente tuvieras cien. Esto te ayudará a desarrollar un sistema escalable desde el inicio y evitar improvisaciones a medida que creces.

En mis propias experiencias, he aprendido lo importante que es pensar en grande incluso en los pequeños detalles. Al principio, organizaba cenas de empresa de verano e invierno, y cuando el equipo era reducido, el coste era asumible. Sin embargo, al no haber aclarado que estas cenas dependían de los resultados, cuando la empresa creció, el gasto de cada evento se multiplicó por diez, pero los resultados positivos no, por lo que no tenía sentido invertir una cantidad de recursos económicos tan desproporcionados. Esto llegó a generar malentendidos con los empleados cuando las finanzas no permitían cubrir ese gasto. Con una proyección adecuada y un protocolo claro, podría haber evitado esa situación.

Aplicar la regla del diez te ayuda a prever si las decisiones que tomas hoy serán sostenibles en el futuro. Piensa en un pequeño árbol que colocas en una maceta; sin una buena previsión, las raíces acabarán rompiendo el recipiente y el árbol tirado en el suelo morirá. Los cimientos de tu negocio deben ser sólidos y flexibles para sostener el crecimiento de manera controlada y evitar que acabe como el árbol que creció demasiado en una maceta.

El Gen X no sólo se aplica a la proyección de cada decisión; también define el ADN de quienes desean llevar sus negocios al siguiente nivel. Es la capacidad de expandir la perspectiva y asumir el desafío de crecer, pero sin tratar de engullir más de lo que podemos digerir. Un verdadero emprendedor de éxito no intenta convertirse en un tiburón en un día; en cambio, sabe que cada paso cuenta, que cada decisión ×10 construye su fortaleza de manera sostenible. En lugar de devorar un pez enorme a toda prisa, comprende que el equilibrio y la paciencia son los aliados que le permiten avanzar con seguridad y control, creciendo a su ritmo, sin perder su esencia ni su paz interior.

Por último, el concepto *think big* o 'piensa en grande' no se refiere exclusivamente a tener grandes ambiciones, sino a prepararse para ellas. Pensar en grande no significa crecer rápidamente, sino construir una base sólida que permita el crecimiento sostenido.

Airbnb comenzó como una idea sencilla: los fundadores, al no poder pagar el alquiler de su apartamento, decidieron alquilar colchones inflables en su sala de estar a los asistentes a una conferencia en San Francisco. Lo que parecía una solución temporal se convirtió en la base de un negocio global multimillonario. Sin embargo, su éxito no se debe a la originalidad de la idea, sino a la sólida estructura de expansión que desarrollaron después. Airbnb entendió la importancia de construir una plataforma adaptable a diferentes mercados y necesidades de los usuarios, con tecnología que permitiera una conexión segura y cómoda entre anfitriones y huéspedes. La clave fue su visión estratégica de largo plazo: expandir el concepto más allá de simples espacios en alquiler y convertirlo en una experiencia única de viaje y hospitalidad. Esta evolución fue posible gracias a una estructura de negocio que priorizó la innovación, la adaptación a las regulaciones locales y el soporte al cliente, permitiendo así a Airbnb sobrevivir y prosperar en un mercado competitivo.

Recuerda: emprender no es vivir el presente, sino anticipar el futuro y asegurarse de que los pasos dados hoy sostendrán tu negocio mañana. Con esta visión, cada decisión será un ladrillo en una construcción no sólo sólida, sino también capaz de adaptarse y de crecer contigo.

En el camino de estructurar una idea para convertirla en un negocio real y sostenible, el emprendedor se enfrenta a decisiones que moldearán cada paso siguiente. Pasar de la inspiración a la estrategia y de los sueños a la ejecución es una travesía en la que cada elemento cuenta, y cada esfuerzo representa una inversión hacia la visión final. La estructura sostiene la idea y define su alcance, crecimiento y viabilidad a largo plazo. Recordemos que la base sólida que construimos hoy es lo que permitirá escalar mañana, garantizando que nuestros objetivos tengan la estabilidad para soportar el crecimiento. Con cada plan, previsión y acción conscientes, estamos un paso más cerca de hacer que el negocio florezca como resultado de una idea innovadora y también como fruto de una estructura preparada para adaptarse, crecer y prosperar.

Tercera parte

Gestión y mentalidad empresarial

17

El poder de las preguntas

Estar sobreexcitado y excesivamente motivado por sacar adelante tu propio proyecto empresarial es lógico. La ilusión te nubla y cuesta pensar con un prisma objetivo. La subjetividad impera en los cálculos y los análisis no son fieles a la realidad. Lo que ocurre es que, si no controlamos estas emociones y nos alejamos de ellas para tomar perspectiva, nuestro poder de reflexión mengua y perjudica a nuestro proyecto. No osaría pedirte que mates la ilusión al emprender y seas un robot sin propósito que sigue estando frío al crear; en mi visión del éxito, el propio disfrute es el proceso de creación y aprendizaje. Ésta es, por su pureza, una de las partes más bonitas del emprendimiento. Dar vida a algo es maravilloso, y emprender tiene mucho de dar vida a tus trabajadores, a tus clientes, a ti mismo e incluso a tu producto o servicio... por eso tienes una responsabilidad que asumir.

Sé que después de un tiempo todo se vuelve más rutinario, como todo en la vida, y es entonces cuando el valor del aprendizaje y el esfuerzo importan si no se tiene una perspectiva viciada. Ser prolijo en tus análisis y cálculos te aporta una solvencia y estabilidad emocional claves para conseguir el éxito. La montaña rusa de las emociones está bien para ratos, pero no para vivir permanentemente en ella. Disfruta del proceso, pero deja a un lado las trampas al solitario y los sesgos, y piensa con una perspectiva objetiva lo más alejada posible de tu yo emprendedor. Piensa como un empresario.

La ilusión y el entusiasmo iniciales son emociones tan necesarias como peligrosas cuando estás iniciando un proyecto. Estas emociones son las que nos empujan a seguir adelante, pero si no se gestionan adecuadamente pueden nublar nuestra visión objetiva y llevarnos a decisiones impulsivas. No se trata de anular la ilusión, sino de complementarla con análisis y planificación. En la vida del emprendedor, el equilibrio entre emoción y lógica es clave. La emoción alimenta la creatividad y el disfrute del proceso, pero es la reflexión lo que da estabilidad y perspectiva para tomar decisiones certeras.

Por eso, aunque seas de naturaleza impulsiva, tómate un tiempo para desarrollar un enfoque analítico. ¿Qué significa esto? Dedicar horas, papel y lápiz a hacerte todas las preguntas necesarias. Aunque parezcan obvias o incómodas, formular preguntas y analizar respuestas antes de comenzar el negocio te ayuda a prever problemas y encontrar soluciones viables. Esto te da un control emocional y práctico para enfrentarte a lo inesperado.

Como te mencioné en un capítulo anterior, uno de los primeros pasos es desarrollar la avidez, ese deseo insaciable de aprender. Para ser exitoso debes tener la mentalidad del estudiante, abierta a explorar y a cuestionarse. Y aquí entra en juego la reflexión: dedicar tiempo a comprender y analizar las respuestas a esas preguntas mediante tu entorno, aprender de otros y comparar diferentes puntos de vista. La combinación de estas dos cualidades te da ventaja para crear un negocio flexible y estable.

De modo que, aunque seas una persona de acción como yo, reprímete y tómate tiempo para asentar primero en tu cabeza las bases firmes de tu negocio y que después se cumplan en la realidad. Invierte horas en hacerte todas las preguntas necesarias para responderlas acertadamente y tomar las decisiones adecuadas. Cualquier pregunta es buena y, ante la duda, respóndela, porque en ocasiones tiras del hilo de la banalidad y acaba surgiendo un dato importante para descartar errores de cálculo fatales. Tener ganas de aprender es innegociable en el plano profesional, pero también en el personal. En cualquier cosa del vivir, ya sea comprar un coche, tener un hijo, planificar unas vacaciones o reformar tu casa. Todo en la vida requiere responder a preguntas para no equivocarte o gastar el dinero dos veces. Y esto no es sólo cuando comienzas un negocio o lo que sea, es casi más potente como herramienta para seguir en la senda de crecimiento o mejora.

Una herramienta muy potente para obtener esta perspectiva y salir de la visión túnel es el *networking*. El *networking* es la práctica de construir y mantener una red de contactos profesionales para intercambiar conocimientos, descubrir oportunidades de colaboración, y fomentar el crecimiento personal y profesional. En esencia, se trata de establecer relaciones mutuamente beneficiosas con personas de tu sector o áreas afines, con el objetivo de aprender, compartir experiencias y crear posibilidades de negocio o desarrollo profesional. Relacionarte con personas de otros sectores o del mismo ámbito empresarial te aporta experiencias distintas que pueden transformar tus decisiones. No importa si son emprendedores novatos o empresarios veteranos, cada conversación puede traer a la mesa ideas que, aplicadas a tu negocio, aportan un beneficio inmenso. Hoy en día existen tanto eventos presenciales como en línea gratuitos que te permiten ampliar esta red de contactos profesionales. No todo acaba en tener un montón de contactos en LinkedIn. Si compartes tu tiempo con este tipo de personas con las que compartes inquietudes, seguro que afloran cuestiones que de forma individual no habrías tenido en cuenta e incluso ideas sobre la estructura del negocio ya que casi todos los negocios en su estructura son idénticos, más allá del sector o canal de venta. Se llama inteligencia colectiva. Empápate de ella tanto como puedas. Dedica a esta actividad un par de horas cada mes para como decimos en marketing «pensar fuera de la caja», porque que tarde o temprano todos los empresarios acabamos padeciendo el problema de estar absorbidos por el negocio y no dedicar tiempo a nuestro enriquecimiento como profesionales.

El *networking* lo practican personas ávidas dispuestas a escuchar y valorar distintos puntos de vista. Así, con perspectivas enfrentadas, es como se plantean nuevas preguntas de las que surgen nuevas reflexiones para afinar tus respuestas y cálculos analíticos. La avidez y la reflexión amplían tu conocimiento y te dan una mirada amplia, como hacer *zoom out* con una cámara de fotos, para gestionar tu negocio con mayor solvencia.

Un análisis permanente detallado y enriquecido es como la estructura que te permite construir y hacer evolucionar un negocio que dure en el tiempo. Imagina que abres una panadería, convencido de que tienes la mejor receta, los mejores ingredientes y precios ajustados. Sin embargo, si no has considerado el margen suficiente para cubrir salarios, el aumento de costes en materias primas o la amortización de maquinaria, es probable que tengas dificultades para mantener tu operativa a largo plazo. La calidad de tu producto es importante, pero debe ir acompañada de una estructura económica sólida. Quizás esto lo hayas pasado por alto, pero otra persona con su propio negocio te haga reflexionar al respecto y te permita tomar medidas para solventar un problema que todavía no se ha manifestado.

Un ejemplo ilustrativo es el de Ikea. La marca sueca empezó vendiendo muebles sencillos y de bajo coste en su mercado local. Sin embargo, planificaron su expansión de forma que pudieran adaptar su modelo de negocio a otros países. Por supuesto hay que tener en cuenta las barreras culturales que no son más que las diferencias en valores, costumbres, idioma y comportamientos que pueden dificultar la comunicación y el entendimiento entre empresas y clientes de distintas culturas, afectando la operación y éxito en mercados internacionales, pero más allá de este punto a tener en cuenta en la internacionalización de grandes negocios, fue gracias a su enfoque en la logística y al análisis de costes como pudieron replicar su éxito en mercados tan diversos como Estados Unidos y Asia, manteniendo precios asequibles. Este enfoque analítico y una estructura flexible para adaptarse fueron claves para que Ikea se convirtiera en un líder global en su sector.

Cada afirmación que haces sobre tu negocio debería suscitar una pregunta, especialmente en la fase inicial. Este método de cuestionamiento te lleva a examinar a fondo cada aspecto y a detectar posibles puntos débiles antes de que se conviertan en problemas insalvables. Un ejemplo sencillo sería preguntarse: «Si tengo mi tienda en una ubicación excelente de una calle transitada, ¿cómo afectará su ubicación al tipo y flujo de clientes y cómo competiré con otras tiendas en la zona?».

Esto puede sonar sencillo, pero te ayuda a evitar errores típicos del emprendedor impulsivo. Si aterrizamos esa nueva pregunta y la desglosamos en pequeños fragmentos del contexto que esconde veremos con más claridad su importancia.

Tomemos como ejemplo la pregunta anterior versus la estrategia de precios para evitar problemas a futuro:

1. **Afirmación.** «Tengo un buen producto a un precio competitivo.»
2. **Nueva pregunta.** «¿Este precio es suficiente para cubrir salarios, alquiler y suministros?»
3. **Nueva decisión.** «Ajusto mi margen para cubrir la posible subida de costes y opto por proveedores que me aseguren tarifas estables por un período largo.»

El gran error de muchos emprendedores es pensar únicamente en el corto plazo. Aunque la inmediatez es seductora, para construir algo duradero necesitas proyectar cada decisión. Un buen consejo es aplicar preguntas que proyecten tu negocio mediante la regla de multiplicar por diez que te expliqué anteriormente: ¿qué pasaría si, de pronto, tus operaciones se multiplicaran por diez? ¿Tendrías la infraestructura necesaria? ¿Tus empleados podrían asumir esa carga de trabajo? Este tipo de preguntas te obligan a pensar en la escalabilidad de tu negocio y te permiten ampliar la perspectiva sobre tu negocio respecto al mercado al que te diriges.

Es cierto que mantener el equilibrio entre un análisis riguroso y la pasión por el emprendimiento no es siempre fácil. Aquí es donde debes recordar que el éxito no es inmediato. La paciencia, el análisis constante y la flexibilidad para adaptarte a lo que encuentras en el camino son los ingredientes de una mentalidad empresarial sólida.

Puedes practicar esta fórmula con el ejemplo o incluso con tu propio proyecto, y verás la diferencia.

De una afirmación obtienes nuevas preguntas incómodas que responder, pero que no te cuestan dinero ni preocupaciones tan grandes como si tuvieras que responderlas con tu negocio yendo encañonado hacia la ruina. Esta reflexión requiere calma y algo de tiempo en su aprendizaje, pero te doy mi palabra de que en el futuro verás recompensada esa inversión con menos problemas y más liquidez. Para lograr más información, siempre tienes internet, aunque la que encontrarás no siempre estará contrastada. Mi consejo, como te decía sobre el *networking*, es que intentes integrarte en círculos de personas con las que pasar un buen rato hablando sobre emprendimiento y, si puede ser, sobre tu tipo de negocio en particular pues mejor que mejor. No olvides que tienes también como opción hacer un *one to one* con un consultor o asesor. No hace falta que sea yo, pero contrasta su experiencia con negocios reales y no con granjas de unicornios que hoy en día hay muchos y variados.

18

Cultura y liderazgo

Hasta ahora has aprendido a desbloquear tu potencial creativo y a cimentar tu proyecto con una estructura sólida. Has trabajado en definir una visión clara y una estrategia que guíe el desarrollo de tu empresa. Ahora, con las bases establecidas, llega la siguiente fase esencial para la sostenibilidad de cualquier negocio: el liderazgo y la cultura empresarial.

En la primera parte de *El mapa del emprendimiento* te hablaba del rol soñador con el que romper barreras mentales, y también del crecimiento personal. El epicentro de ese bloque de capítulos era identificar y proteger tu propósito y después alinearlo con la estructura de tu proyecto, y aprender a cimentar tu negocio para que se sostuviera en el tiempo. Así que en la segunda parte del libro has dejado de soñar para pasar a emprender. Ése fue el orden correcto: primero emprendedor y después empresario. Ahora conocerás el tercer integrante de este trío de roles: convertirte en un buen gestor.

La meta en esta fase no es sólo mantener la operación de tu negocio, sino hacer que crezca y se sostenga en el tiempo. Para esto necesitas que el equipo trabaje alineado y motivado y sienta un compromiso genuino con los objetivos de la empresa. Es el momento de evolucionar de emprendedor a empresario y gestor, una transición que se basa en tu capacidad de liderar y de cultivar una cultura organizacional sólida.

La verdadera esencia de liderar no está en controlar cada aspecto de tu negocio, sino en construir una estructura que funcione de manera autónoma, permitiéndote confiar en tu equipo y en sus capacidades. Cuando das a cada miembro la libertad y las herramientas para tomar decisiones dentro de su ámbito de responsabilidad, estás creando una cultura de autogestión en la que todos comparten el compromiso con el éxito. Esta forma de trabajar promueve el crecimiento profesional de tus empleados y reduce la dependencia del equipo hacia ti, te permite liberar tu tiempo. Así, puedes elegir dedicarte a nuevas ideas, expandir tus horizontes emprendedores o disfrutar de la libertad de ser dueño de tu negocio, en lugar de ser esclavo de él.

Dirigir se limita a asignar tareas y supervisar, mientras que liderar implica inspirar y motivar. Como líder, tu trabajo no es decirle a tu equipo qué hacer, sino hacer que trabajen mejor y sean más productivos contigo que sin ti. La meta es crear un entorno en el que todos se sientan respetados, valorados y con una visión compartida. Recuerda, el buen liderazgo se basa en la confianza y en la conexión real con tu equipo, no únicamente en la obsoleta y rígida jerarquía.

Te voy a hablar brevemente de la holocracia, un sistema de organización que trata el autor Brian Robertson en su libro *Holacracia: El nuevo sistema organizativo para un mundo en continuo cambio*. La jerarquía y la holocracia son dos sistemas organizacionales con enfoques opuestos. En una **jerarquía**, el poder y la autoridad se distribuyen de arriba abajo, con una clara cadena de mando y roles definidos. Cada nivel responde a uno superior, lo cual aporta estructura y control, pero puede reducir la flexibilidad. Por otro lado, en una **holocracia**, la estructura es descentralizada, y las decisiones se toman en círculos de trabajo autónomos en los que los empleados asumen roles específicos, pero tienen mayor libertad y responsabilidad para autogestionarse. Este sistema fomenta la flexibilidad y la adaptabilidad, promoviendo la innovación y la colaboración.

En un modelo holocrático, el liderazgo se convierte en un equilibrio entre guiar y otorgar autonomía. Tu papel como líder es ofrecer orientación y apoyo, pero también asegurar que cada miembro tenga la independencia necesaria para desarrollar su potencial y tomar decisiones en sus áreas de responsabilidad. En este sistema, el crecimiento de tu negocio está directamente ligado al crecimiento personal y profesional de cada miembro del equipo, quienes tienen la libertad y la confianza para innovar y aportar al proyecto. Inspirar confianza y compromiso es fundamental para lograr este entorno colaborativo. La confianza en un líder no surge de la autoridad, sino de una conducta coherente y transparente. Tus empleados deben verte como un ejemplo de integridad, alguien que cumple sus promesas y actúa con justicia y respeto. En una estructura holocrática, esta confianza mutua fortalece el compromiso y fomenta una cultura donde cada persona es esencial para el éxito compartido del equipo.

Tomemos como ejemplo a Patagonia, la empresa de ropa *outdoor*, que ha demostrado un compromiso inquebrantable con sus valores de sostenibilidad y ética laboral. Su fundador, Yvon Chouinard, ha convertido a Patagonia en un referente de liderazgo con propósito, alineando cada aspecto de su cultura organizacional con sus ideales. La cultura de la empresa se centra en la responsabilidad ambiental y en la calidad de vida de sus trabajadores, lo que ha resultado en una lealtad y un compromiso extraordinarios por parte de sus empleados y clientes.

El liderazgo en Patagonia tiene muchos elementos que encajan con un modelo holocrático. Desde sus inicios, la empresa, bajo la dirección de su fundador Yvon Chouinard, ha buscado crear un ambiente de trabajo colaborativo en el que los empleados tienen libertad para aportar sus ideas, asumir responsabilidades y trabajar en áreas que los apasionan. Esta filosofía se alinea con los principios de la holocracia, que enfatiza la autonomía, la toma de decisiones descentralizada y un enfoque en la autogestión.

Patagonia ha sido conocida por su cultura laboral única, que fomenta la sostenibilidad, la iniciativa personal y el compromiso con la misión de la empresa. Chouinard estableció una cultura donde cada empleado se siente responsable del impacto ambiental y social de su trabajo. Además, la organización permite que sus empleados actúen como «guardianes» de los valores de la empresa, sin depender exclusivamente de una jerarquía tradicional para tomar decisiones clave.

Así, aunque Patagonia no se describe formalmente como una empresa holocrática, muchos de sus principios de liderazgo y cultura son consistentes con la holocracia, especialmente en términos de confianza, autonomía y un liderazgo que potencia la independencia y el compromiso de sus empleados.

El reconocimiento personal es uno de los pilares para que un equipo se sienta valorado y alineado con los objetivos de la empresa. Dar *feedback* positivo de manera habitual y celebrar los logros, grandes o pequeños, crea una atmósfera de gratitud y esfuerzo mutuo. Un buen líder sabe que un «gracias» o una felicitación a tiempo pueden tener un efecto transformador en la actitud y rendimiento de un trabajador. Además, el reconocimiento va de la mano del empoderamiento. Confía en tu equipo para tomar decisiones en su ámbito y da espacio a sus ideas y propuestas. Como líder, fomenta una mentalidad de autonomía y responsabilidad, pues es uno de los caminos más efectivos para desarrollar un compromiso genuino.

Para que un negocio florezca, la cultura organizacional debe ser un reflejo de los valores y la visión de la empresa. Fomenta la cordialidad, la transparencia y la empatía dentro de tu equipo. Un entorno positivo no sólo mejora la productividad, sino que también ayuda a retener el talento y reduce el estrés, mejorando la calidad del trabajo y la creatividad.

Google es ampliamente reconocido por su cultura empresarial orientada a la innovación y la colaboración. Más allá de su supuesta cara oculta, la empresa permite a sus empleados dedicar el 20 por ciento de su tiempo a proyectos personales, lo que aumenta la satisfacción y ha resultado en productos innovadores. Esta práctica es una muestra de cómo el empoderamiento y la libertad pueden contribuir al éxito de la organización. Las empresas que cultivan un ambiente positivo y que respetan la creatividad y autonomía de su equipo tienden a sobresalir. No necesitas ser Google para adoptar esta cultura organizacional.

Finalmente, recuerda que el liderazgo es una práctica continua y un rol que te pide crecer junto con tu equipo. Los problemas surgirán y la presión puede llegar a ser considerable, pero si mantienes la calma y tomas decisiones basadas en una evaluación objetiva, serás capaz de sobrellevar cualquier dificultad.

Como líder, debes gestionar tu propia mentalidad y aprender a desconectar cuando sea necesario. La paciencia y la perspectiva te ayudarán a tomar mejores decisiones y son cualidades que también beneficiarán a tu equipo. Un liderazgo sólido, con valores y paciencia, será el pilar que sostenga y guíe el crecimiento sostenible de tu empresa.

En este proceso, como dicen en Google: «Contrata lento, despide rápido». Es importante tomar el tiempo para contratar el personal adecuado, pero también ser ágil al hacer ajustes si la cultura se ve amenazada por alguien que no comparte los valores de la empresa.

19

El valor de los valores

Llegó sin avisar, o sin que nos avisaran a tiempo como pasa tantas veces, sin dar tiempo para crear estrategias de respuesta y transformó nuestras vidas de un día para otro. Nos encontramos de repente en una película de ciencia ficción, protagonistas de un futuro distópico, enfrentándonos a un enemigo invisible y supuestamente letal mientras nuestro sistema, que debía protegernos, parecía desmoronarse. Para muchos emprendedores y dueños de negocios, la pandemia fue una prueba de fuego, y para mí se convirtió en un momento definitivo en el que comprendí el verdadero peso de mis decisiones y el impacto de los valores que habíamos construido en mi empresa.

Recuerdo la sensación de estar al mando de un barco bajo fuego constante, recibiendo cañonazos que abrían vías por donde el agua llegaba a cada rincón. Me vi en la bodega de carga tratando de tapar fugas sin éxito, mientras todo parecía derrumbarse a mi alrededor. Y en esa soledad entendí que mi única opción era confiar en mis principios y en las personas que siempre habían estado ahí. Esa situación me llevó a descubrir quién estaba realmente comprometido con el proyecto y quién sólo estaba allí por conveniencia. Fue una de las lecciones más duras de mi vida, pero también una de las más valiosas.

En ese momento, decidí apoyarme en lo que siempre habíamos promovido en la empresa: respeto, confianza y equipo. Con estas palabras como guía, encargué unos carteles que reflejaban nuestros valores y los colgué en cada espacio visible de la oficina para cuando pudiéramos volver a la oficina. Eran un recordatorio constante para todos, empezando por mí, de que estos principios no eran sólo palabras, sino la brújula que indicaba el rumbo que debíamos seguir incluso en los momentos de mayor dificultad. Estos valores, aunque sencillos, encapsulaban la esencia de nuestra cultura y nos mantenían enfocados en lo que realmente importaba.

Una pequeña aclaración antes de seguir... En cualquier negocio, los *valores* y las *normas* son, en esencia, dos caras de la misma moneda: ambos guían las acciones y las decisiones de cada miembro del equipo. Mientras que las normas establecen de forma concreta cómo se espera que actuemos en situaciones específicas, los valores representan el espíritu o la razón detrás de esas normas, dándoles una dimensión más profunda y significativa. Podríamos decir que las normas son el «cómo» de nuestra conducta, mientras que los valores son el «porqué». Hablar de valores es una forma más romántica de referirse a las normas, porque conecta con nuestra visión de lo que queremos ser como equipo y como empresa. En términos pragmáticos, alinear los valores y las normas es fundamental para que todos en el negocio se sientan comprometidos y comprendan lo que deben hacer y también el motivo que hay detrás de cada acción.

Durante esos primeros meses de pandemia, la situación se volvió una prueba constante de la fortaleza de nuestros valores. Hubo momentos de tanto estrés que sentí que me tambaleaba, que mi responsabilidad hacia el equipo era casi una carga insostenible. Me encontré luchando con el peso de las decisiones y con la presión de asegurar el bienestar de cerca de cien personas. A nivel personal, tuve que afrontar sentimientos de ansiedad y soledad, pues, aunque tenía el apoyo de algunos, había otros que decidieron alejarse en lugar de sumar. A estas alturas, sé que aquellos que no creyeron en nuestra visión nunca compartieron realmente nuestros valores.

Frente a esos momentos de dificultad, decidí implementar

una hoja de ruta para afrontar la crisis, en la que prioricé la transparencia, el apoyo emocional y la cercanía, aunque fuera de forma remota por las circunstancias. En resumen, éstos fueron los pasos:

1. **Información.** Comuniqué la situación real de la empresa, el punto de partida, el rumbo que planeábamos seguir y el objetivo.
2. **Comprensión.** Ofrecí apoyo financiero a quienes más lo necesitaban para que nadie se sintiera desamparado.
3. **Unión.** Creé un grupo de comunicación y mantuve videollamadas frecuentes tanto colectivas como privadas para que todos nos sintiéramos conectados.
4. **Protección.** Nos aseguramos de tener gel y mascarillas para cada puesto de trabajo, priorizando siempre la seguridad para la persona que prefiriera volver al puesto de trabajo físico.
5. **Rumbo.** Compartí un plan de viabilidad y acción viable, siempre con la seguridad de la salud de mis trabajadores y clientes como prioridad.
6. **Control.** Realicé reuniones para coordinar a cada equipo y ajustar procesos operativos.
7. **Autenticidad.** Me mantuve fiel a nuestros valores en cada decisión, tratando de ser un ejemplo de ellos.

Fijar estos valores y llevarlos a la acción fue un ejercicio de consistencia que, en última instancia, permitió que nuestra empresa no sólo resistiera, sino que saliera fortalecida. Lo importante, cuando definimos los valores de una empresa, es que no se conviertan en normas demasiado rígidas. Deben ser conceptos amplios, significativos, que se sientan a nivel emocional. La gente entiende qué significa el respeto, la confianza y el trabajo en equipo sin necesidad de que se les explique. Ésa es la clave: estos valores guían la conducta y las decisiones de todos, permitiéndoles alinearse en tiempos de crisis.

A medida que los días pasaron, noté cómo nos convertimos en un verdadero equipo. Ya no éramos nunca un grupo de personas compartiendo un espacio, sino una comunidad que enfrentaba el desafío unida. Esta unión nos permitió solucionar problemas y adaptarnos más rápido. Desde entonces, cada vez que enfrentamos un obstáculo, recurrimos a estos valores para decidir cuál es la mejor manera de actuar.

Una situación como la pandemia no sólo expuso las fortalezas de nuestra cultura empresarial, sino que también reveló los eslabones más débiles. Hubo personas que, en lugar de remar a nuestro lado, se convirtieron en obstáculos para el equipo. En esos casos, tuve que tomar la difícil decisión de dejarlas ir, porque una empresa comprometida con valores sólidos no puede permitir que alguien entorpezca el trabajo en equipo.

En definitiva, la pandemia nos enseñó que necesitamos de los demás para superar cualquier adversidad, y que una cultura de valores sólidos no sólo es un marco de referencia en tiempos tranquilos, sino el pilar sobre el que se sostiene una empresa en tiempos de crisis.

Aquel 14 de marzo de 2020 todos aprendimos algo para siempre: nos necesitamos para seguir vivos como organización.

Solo llegarás rápido, pero en equipo llegarás lejos, y la empresa y la vida son carreras de fondo. Por eso llevamos doce años trabajando en el mismo lugar, casi las mismas personas más las que se van uniendo a nuestra misión, porque jamás he dejado que pisotearan nuestros valores.

De veras no me considero un ser superior en esto de las ventas y del emprendimiento, sólo soy un chaval que tuvo el sueño de hacerlo mejor que cuando trabajaba para otro, pero ésta es la ansiada respuesta a la pregunta que mis antiguos jefes se hacían sobre cómo podía tener a la misma gente a mi lado tras tantos años y que nunca supieron responder: porque jamás he pisoteado mis valores.

20

Gestión financiera resiliente

La gestión financiera resiliente es, sin duda, uno de los aspectos menos glamurosos y más cruciales en cualquier negocio. Enfrentarse a números, cálculos y previsiones puede parecer una carga pesada, sin embargo, es el pilar que sostiene tanto la viabilidad como el crecimiento de cualquier proyecto. Este capítulo no trata sólo de aprender a cuadrar cuentas; va más allá. Se trata de prepararte para que, cuando lleguen momentos de incertidumbre o desafíos imprevistos, tus finanzas sean una fuente de estabilidad, no de crisis. Una gestión financiera sólida, acompañada de una estrategia prevenida y flexible, es tu mejor herramienta para fortalecer tu negocio y poder responder con solidez en tiempos difíciles. Porque, como hemos visto tantas veces, la capacidad de adaptación y la fortaleza económica no son un lujo, sino una necesidad para quienes desean ver su proyecto perdurar y prosperar.

Sé que este capítulo puede parecer una parada tediosa en el camino. La gestión financiera, aunque no parezca tan emocionante como otras áreas, es fundamental para asegurar la sostenibilidad y el crecimiento de tu negocio. A continuación veremos cómo la planificación financiera puede convertirse en una aliada estratégica que mantenga tu empresa en el rumbo correcto, incluso en tiempos difíciles.

Para empezar, es esencial entender que gestionar las finanzas no se limita a mirar el flujo de caja o contar con los recursos para pagar las facturas. La gestión financiera implica una visión más amplia y abarca la previsión de ingresos y gastos, la contención de costes, la estrategia de financiación y, especialmente, el saber cuándo y cómo asegurar recursos antes de que los necesites. Aquí es donde entra en juego una regla de oro: acude a la banca antes de tener una necesidad urgente.

Existen diversas vías de financiación más allá de la banca tradicional que pueden ser clave para impulsar un proyecto o salvar una situación crítica. Estas alternativas incluyen desde la inversión de capital de riesgo, fondos de inversión privada e incluso plataformas de *crowdfunding* que han ganado relevancia en la última década. También es posible explorar programas de financiación pública, tanto a nivel local como nacional o internacional, que apoyan proyectos innovadores, sostenibles o de alto impacto. Otra opción son los préstamos de instituciones gubernamentales y subsidios especiales para sectores estratégicos. Estas fuentes de financiación suelen ofrecer términos más flexibles y menos restrictivos que los de los bancos, y en muchos casos buscan convertirse en socios estratégicos que aporten experiencia además de capital. No es sencillo, pero yo para una de mis marcas acudí a este tipo de fuentes de capital privado y conseguí una cantidad nada desdeñable, más adaptada a los tiempos que corren y que además no aparecía en la CIRBE de la empresa. Para que no te quedes con la duda, si desconoces su significado, la CIRBE (Central de Información de Riesgos del Banco de España) es un informe que registra la información sobre los riesgos financieros de empresas y particulares con las entidades bancarias. En el caso de una empresa, este informe muestra datos sobre los préstamos, créditos y otros compromisos financieros, permitiendo a las entidades financieras evaluar la capacidad de pago y el nivel de endeudamiento de la empresa antes de conceder nueva financiación. Básicamente impacta en la imagen que tienes frente a las entidades financieras tradicionales como los bancos.

A medida que crece tu negocio, probablemente llegará un momento en que necesites financiación externa para abordar expansiones o incluso ajustar tu flujo de caja. Sin embargo, lo que muchos emprendedores descubren demasiado tarde es que los bancos y otras fuentes son mucho más receptivos cuando no estás desesperado por un préstamo y tienden a ofrecer préstamos cuando tienes saldo y una trayectoria ascendente, pero cuando tu cuenta está o parece que tiende a cero, te cierran las puertas. Sobre todo, los bancos son así, sólo saben ver la fotografía del presente y tiempos pasados, en este país no creen en el sueño americano y cada vez les gusta arriesgar menos. Así que establece una relación con tu entidad financiera y busca obtener una línea de crédito mientras tu balance sigue saludable, porque una vez que la tengas es más difícil perderla.

Salvando las distancias, porque todos sabemos que Elon Musk ya era millonario antes, te explico el reto que tuvo que asumir con Tesla.

Tesla es un gran ejemplo de empresa que buscó financiación a tiempo para evitar el cierre y asegurar su expansión. A finales de 2008, Tesla Motors estaba a punto de cerrar debido a problemas de liquidez. A pesar de que sus primeros modelos, como el Roadster, habían generado interés y creado una buena imagen de marca, la empresa tenía problemas para cubrir sus costos y avanzar en el desarrollo de nuevos vehículos. En aquel momento, Tesla necesitaba capital de manera urgente para seguir funcionando y poder expandir su línea de productos, además de avanzar en la tecnología de baterías que diferenciaba a sus vehículos eléctricos.

En una maniobra arriesgada, Elon Musk, CEO de Tesla, logró recaudar 40 millones de dólares de inversores privados y, en el último momento, aseguró un financiamiento adicional de 465 millones de dólares del Departamento de Energía de Estados Unidos como parte de un programa para promover el desarrollo de vehículos más sostenibles. Este financiamiento permitió a Tesla mantenerse operativa y acelerar la producción de su siguiente modelo, el Model S, que se convertiría en un éxito y en un hito para la marca.

La inyección de capital oportuna permitió a Tesla superar las dificultades financieras y desarrollar una estrategia de expansión robusta. Gracias a esta financiación crítica, Tesla no sólo evitó la quiebra, sino que se transformó en una de las compañías más influyentes del mundo en el sector automotriz, cambiando para siempre la percepción de los vehículos eléctricos y contribuyendo a la transición global hacia fuentes de energía renovable.

Uno de los puntos clave en la gestión financiera es tener un control preciso sobre los costes fijos, esos que, como ya te conté, debes pagar sin importar el volumen de ventas. La contención de estos costes es fundamental siempre. Contratar más personal del necesario o invertir en un local demasiado grande puede tener consecuencias graves si no se alcanza el nivel de ingresos necesario. Es importante que los recursos invertidos respondan al volumen actual de negocio, y que las expansiones o contrataciones respondan a objetivos medibles y previsiones de crecimiento.

Además, estructura bien tu oferta de productos o servicios teniendo en cuenta todos los costes. Esto incluye tanto los costes variables como los fijos, pero también aquellos gastos «invisibles» como el mantenimiento de líneas de crédito o el coste de disposición de una póliza financiera de emergencia, algo que puede marcar la diferencia entre el crecimiento o el estancamiento en épocas de dificultad.

Como te decía unos párrafos atrás, la banca española es, en muchos aspectos, conservadora y orientada al beneficio inmediato. Su interés no está en los planes de expansión a largo plazo, sino en el balance actual y en los resultados de años previos. Durante la pandemia, experimenté de primera mano lo que significa depender de una entidad bancaria en momentos críticos. En pleno apogeo de la crisis, después de años de buenos resultados y múltiples ofertas de crédito, mi banco retiró unilateralmente una póliza de crédito sin previo aviso, debido al «riesgo» de impago. Aquello me enseñó que la confianza del banco es tan volátil como sus cálculos de riesgo.

Eso nos lleva a que, para protegerte de este tipo de situaciones, es crucial evitar comprometer tu patrimonio personal. Asegúrate de negociar tus créditos y pólizas sin avales personales, de ahí la importancia de hacerlo con una buena salud financiera. De esta manera, si la empresa afronta una crisis, tu patrimonio no queda expuesto. Ésta es, después de todo, una de las principales razones por las que muchos emprendedores optan por formar una Sociedad Limitada. Por su responsabilidad limitada al tratarse de una sociedad mercantil de tipo capitalista con personalidad jurídica propia independiente de sus socios o socias. La típica S.L. Ten cuidado porque una cosa es la responsabilidad del riesgo frente a los organismos oficiales y otra la que tienes frente a los bancos, que en todo momento tratarán de que recaiga sobre ti mediante cláusulas y documentos privados por si tu empresa hace aguas, por lo que mucho cuidado con esto.

Otro aprendizaje importante en la gestión financiera de tu empresa es que contar con un buen equipo financiero no es un lujo, sino una inversión estratégica. Un contable eficiente y un director financiero, incluso en roles a tiempo parcial o externalizados a través de empresas que ofrezcan este servicio, pueden ayudarte a llevar tus cuentas al día, aprovechar mejor los recursos y evitar situaciones que pongan en riesgo tu negocio. La contabilidad creativa para «pagar menos impuestos» puede parecer tentadora, pero es una práctica de alto riesgo que puede dificultar la obtención de financiación en el futuro.

La gestión fiscal es otro punto clave en la supervivencia financiera. Un buen director financiero no sólo optimiza los pagos, sino que también te ayuda a planificar la manera de cerrar tus ejercicios fiscales con saldos óptimos para obtener financiación futura. Es importante recordar que, en el sistema actual, gran parte de tu ingreso está destinado a impuestos. Como norma general, aunque puede diferir en algunos sectores concretos son: el 21 por ciento de IVA sobre cada venta, un 25 por ciento sobre el beneficio anual de la sociedad y entre un 19 y 28 por ciento si deseas extraer beneficios como dividendos para ti como persona física. Además, están los costes laborales, de IRPF y Seguridad Social. La planificación fiscal es esencial para poder avanzar de forma ordenada y aprovechar las deducciones y beneficios que permite la ley, sin comprometer tu flujo de caja.

Como último consejo, considera una póliza de crédito no como una herramienta para gastar más, sino como una especie de seguro financiero que puede darte tranquilidad en momentos de incertidumbre. Tener una póliza disponible, aunque no se utilice, implica un coste pequeño que, si se negocia bien, puede ser una red de seguridad valiosa y costar menos de lo que cuesta el seguro de tu oficina o la cuota mensual de un coche de *renting*. Esta disposición adicional de fondos puede marcar la diferencia en el momento en que surjan oportunidades de expansión o momentos de tensión. Como un seguro, es mejor contar con él antes de que sea realmente necesario.

En resumidas cuentas, nunca mejor dicho, gestionar las finanzas de un negocio implica disciplina, planificación y visión estratégica. En el mejor de los casos, esta gestión permitirá que tu negocio crezca de forma saludable, sin sacrificar tu patrimonio personal ni depender de ayuda externa en situaciones de crisis.

21

Agilidad y flexibilidad

Un negocio tiene limitaciones y obstáculos inevitables, especialmente en sus primeros años, pero cuenta con una ventaja crucial dado su tamaño inicial: la agilidad. Esa capacidad de respuesta rápida, tan difícil de lograr en grandes empresas, es uno de los superpoderes de los emprendedores y pequeñas empresas. Hoy en día se habla mucho de la mentalidad *agile* ('ágil'), un concepto extraído del inglés que significa rapidez y flexibilidad para adaptarse y responder a cambios sin perder tiempo ni recursos.

Para entender la importancia de la agilidad, pensemos en el *Titanic*, uno de los mayores y más innovadores buques de su época, cuya colisión con un iceberg en la noche del 14 de abril de 1912 sigue siendo una lección histórica de lo que puede significar la falta de maniobrabilidad. Con un peso de más de 46.000 toneladas y una longitud de aproximadamente 269 metros, el *Titanic* tardaba cerca de 37 segundos en responder a cualquier movimiento del timón, y en condiciones de alta velocidad, como aquella noche, se necesitaban alrededor de 900 metros para realizar un giro completo. Cuando se avistó el iceberg, el *Titanic* iba a unos 22 nudos (41 km/h), y aunque la tripulación trató de girar a babor y reducir velocidad, el barco no tuvo suficiente distancia ni tiempo para completar la maniobra. La envergadura y la inercia de un buque de ese tamaño hicieron imposible evitar el impacto.

Una empresa pequeña o una *start-up*, en cambio, es como una lancha ligera que puede cambiar de dirección casi al instante. Esta diferencia en agilidad es clave para adaptarse a los cambios de mercado o evitar problemas que podrían poner en peligro la estabilidad del negocio.

Para no caer en el «efecto *Titanic*», muchas grandes empresas han comenzado a implementar pequeños equipos internos, o *squads*, dedicados a diferentes proyectos con el objetivo de mantener la agilidad y sobreponerse a la inercia de sus grandes estructuras. Así, intentan ser un trasatlántico capaz de enfrentarse a los mares de la competencia globalizada mientras retienen la habilidad de maniobrar y redirigir sus esfuerzos sin tanta burocracia. Tú y yo seguramente no tengamos ese problema, de modo que tengamos en mente no caer en él si seguimos creciendo y llegamos a convertirnos en un mastodonte empresarial.

Como emprendedor, esta flexibilidad y agilidad está en tus manos casi de manera natural. No es que tengas que evitar grandes estructuras para siempre, pero necesitas enfocarte en crecer con mentalidad flexible, revisando frecuentemente tus procesos y manteniéndote alerta para no perder esa agilidad inicial. Es más sencillo cuando eres pequeño, pero mantener esta mentalidad ágil mientras piensas en grande puede ayudarte a evitar muchos problemas y a adaptarte a los cambios del mercado. Mantener un hábito de análisis continuo te permitirá verificar que las decisiones que tomes no comprometan la estructura de tu negocio y a la vez te proporcionará datos concretos para hacer ajustes si detectas desviaciones.

Una de las claves para operar de forma ágil es implementar el hábito de la medición de resultados. Medir y monitorizar la evolución de tus métricas te ayudará a hacer correcciones tempranas sin comprometer el negocio. No se trata de obsesionarse con los números, sino de utilizarlos para obtener una visión objetiva, por encima de tus intuiciones o corazonadas.

Además, al crecer y abrir nuevas líneas de negocio, es importante tener presente el riesgo que implican los recursos requeridos para estos proyectos. Lanzar un nuevo producto, explorar un nuevo mercado o extenderse en verticales diferentes puede ser una gran oportunidad, pero también puede comprometer tus recursos financieros y operativos. La clave es mantener la agilidad y conservar la «vaca lechera» que es tu negocio actual, es decir, la actividad que genera estabilidad financiera. No la comprometas por querer abarcar demasiado.

Aquí es donde cobra sentido, en un negocio que ya está en funcionamiento y en fase de estabilización, el concepto del que ya te hablé a la hora de lanzar un proyecto, llamado MVP o Producto Mínimo Viable, una idea clave que va de la mano de la metodología *lean startup*.

El *lean startup* es una metodología de desarrollo de negocios que busca maximizar el aprendizaje validado y minimizar el desperdicio de recursos. Popularizada por Eric Ries, esta metodología se centra en la creación rápida de un Producto Mínimo Viable o MVP (véase p. 110), que permite probar hipótesis clave con el menor coste y tiempo posibles. A través de ciclos de iteración rápidos, construir, medir, aprender, los emprendedores pueden ajustar o pivotar sus ideas en función de los comentarios y reacciones de los clientes, adaptando el producto o servicio hasta que se ajusta a la demanda real del mercado. Con un enfoque en la eficiencia y la flexibilidad, el *lean startup* es ideal para emprendedores que buscan minimizar el riesgo mientras desarrollan productos innovadores.

Spotify es un excelente ejemplo de una compañía que utilizó el MVP para minimizar riesgos en su desarrollo inicial. Cuando Spotify lanzó su plataforma de *streaming* de música, no empezó con la idea de convertirse en un gigante global. Comenzó en un solo país, Suecia, y su versión inicial era muy limitada en funcionalidades. Sin embargo, este enfoque les permitió probar el interés de los usuarios, medir su éxito y recolectar datos valiosos sin una inversión desmedida. Al ver la respuesta positiva, Spotify iteró en su modelo y fue ampliando su presencia geográfica y sus funcionalidades. Hoy es una de las plataformas de *streaming* de música líderes en el mundo. Este enfoque *lean* le permitió a Spotify adaptarse y mejorar antes de invertir de lleno en su expansión global, manteniéndose flexible a lo largo del proceso.

Por lo tanto, antes de lanzarte a un nuevo proyecto de expansión de tu negocio, sigue aplicando el concepto MVP de la metodología *lean startup* para minimizar el riesgo y observar la respuesta del mercado. A partir de ahí, realiza ajustes pequeños y progresivos. Evitarás grandes compromisos de recursos, y, si el proyecto no funciona, el impacto será mínimo. Esta mentalidad flexible y centrada en la optimización de recursos te permitirá mantener la agilidad y estabilidad de tu negocio principal mientras exploras nuevas oportunidades de crecimiento.

22

Gestión del cambio

Innovar es sinónimo de cambio. Manejarlo con eficacia en una empresa, porque quiere expandirse, reestructurarse o para adaptarse a cambios en el mercado, es vital para conservar el éxito a largo plazo. Recuerda que mantener la llama encendida en tus compañeros de viaje, tanto trabajadores internos como colaboradores externos, es lo que hace posible prolongar el poder de la adaptabilidad. Parece sencillo, pero va mucho más allá de pagar bien. Ojalá el éxito fuera tan sencillo como eso, pero no lo es.

El cambio es el motor de la innovación, y aprender a manejarlo efectivamente es el pilar que sostiene la expansión y la relevancia de cualquier negocio a largo plazo. Cambiar no es algo que ocurre solo; debe gestionarse, y esa gestión involucra no sólo a los líderes sino también a los colaboradores y empleados. Así, la capacidad para integrar los cambios de forma positiva y adaptativa en tu empresa es clave para evitar el estancamiento y convertir los retos en nuevas oportunidades.

Al enfrentarse a un cambio, el error más común que cometen muchos líderes es asumir que con dar una orden se garantiza el éxito de su implementación. Sin embargo, los cambios empresariales, por necesarios o beneficiosos que sean, no funcionan en piloto automático. Requieren dirección, seguimiento y, sobre todo, participación activa de todos los implicados. Como líder, tienes la responsabilidad de gestionar el cambio desde un punto de vista técnico y estructural, pero también de una forma emocional y motivacional, para que tu equipo lo perciba como una evolución y una oportunidad para crecer junto al negocio.

El primer paso en una gestión del cambio efectiva es desarrollar una actitud retadora y proactiva en tu equipo. La adaptabilidad y la innovación son lo mismo. Los cambios en el mercado, los avances tecnológicos o incluso las oportunidades para una expansión pueden generar resistencia si se perciben como una amenaza en lugar de una oportunidad. En este sentido, un ejemplo notable es el caso de Microsoft, que en sus inicios en la década de los 2000 comenzó a perder relevancia frente a competidores como Apple y Google. Cuando Satya Nadella asumió el liderazgo, supo enfocar el cambio hacia una cultura de innovación, potenciando el uso de la nube y el trabajo colaborativo, y transformó la organización en un entorno mucho más abierto a la experimentación y la adaptación.

Tu equipo debe comprender que el cambio no es sólo necesario, sino que es parte esencial del crecimiento de la empresa. Para ello, fomenta una cultura en la que los empleados se sientan partícipes del proceso y consideren que su esfuerzo es clave para alcanzar un objetivo más grande. Como líder, es tu labor visualizar el objetivo final y transmitir esa visión de forma clara y entusiasta. Recuerda que tus trabajadores no son sistemas informáticos que ejecutan tareas; están contribuyendo emocionalmente a construir algo significativo.

Para que el cambio sea sostenible, cada miembro de la empresa debe sentir que aporta al proceso. Este sentido de pertenencia y compromiso facilita que el cambio se perciba menos como una carga y más como una aventura conjunta. Invierte tiempo en comunicar el propósito detrás de cada nueva estrategia y establece objetivos claros, de modo que cada colaborador tenga una dirección y sepa cómo sus esfuerzos individuales impactarán en los resultados colectivos. La clave está en hacer que todos se vean como arquitectos del proyecto, en lugar de simples obreros.

Un equipo que se siente inspirado y valorado se convierte en un equipo imparable. El liderazgo implica mucho más que supervisión; implica transmitir la motivación y la convicción de que el esfuerzo colectivo lleva a una meta compartida. Para hacerlo, adopta una actitud positiva y firme que inspire confianza, incluso cuando el proceso de cambio sea desafiante. En este aspecto, una de las lecciones de Netflix es esclarecedora: su evolución de una empresa de alquiler de DVD a una plataforma de *streaming* y luego a una productora de contenido original fue posible porque sus líderes lograron motivar a todo el equipo en cada fase de transformación, promoviendo una visión compartida y manteniendo siempre la flexibilidad para adaptarse a las necesidades del mercado.

Si transmites la ilusión de lograr ese objetivo, tu equipo se mantendrá unido y comprometido. El cambio será más fluido y se convertirá en un vehículo para el aprendizaje y la innovación constantes. En lugar de ser un proceso impuesto, el cambio se transforma en una iniciativa que impulsa a todos a crecer y adaptarse.

Para que la adaptabilidad forme parte de los valores esenciales de tu empresa, es necesario implementar herramientas y metodologías que faciliten el cambio. Invertir en formación continua, tener un sistema de *feedback* ágil y establecer un proceso de seguimiento y evaluación son pasos clave. Esto también significa establecer un equilibrio entre el liderazgo y la autogestión, de manera que cada miembro del equipo se sienta capaz de tomar decisiones dentro de sus áreas de competencia. Con una base bien estructurada y el impulso del cambio como un valor compartido, tu empresa ganará la flexibilidad y agilidad necesarias para enfrentar cualquier reto.

Un cambio efectivo no es algo que ocurre espontáneamente. Es el resultado de una planificación cuidadosa y de un liderazgo consciente de su rol inspirador. Al mirar hacia el futuro, no olvides que, aunque tú seas quien dirige el barco, es todo el equipo el que rema para avanzar. La adaptabilidad y la innovación son la brújula que debe guiar el rumbo de tu empresa, y fomentar esta cultura en tu equipo asegura que lleguen lejos y que disfruten del viaje por duro que sea. Al final del día, ser un líder en la gestión del cambio implica algo más que ajustar estrategias o rediseñar estructuras: significa construir una cultura empresarial que abrace el cambio como el catalizador del éxito.

Así que recuerda: no se trata de llegar a la meta, sino de disfrutar del viaje y aprender a construir el futuro junto a tu equipo.

23

El verdadero ÉXITO

Puede que éste sea uno de los capítulos más simples y a la vez uno de los más complejos. Podría parecer una lectura ligera, pero hablar de éxito no es tarea fácil porque se manifiesta de formas tan distintas como individuos hay en el mundo. Para unos, el éxito es lograr una fortuna; para otros, conquistar el poder; y para algunos, es tan sencillo como tener más tiempo para lo que aman. Pero el verdadero éxito, el éxito profundo, es algo vivo, que respira y cambia. Para mí, el éxito se reduce a una palabra poderosa: *propósito.*

Cuando tienes un propósito en la vida, tienes un norte; una razón para existir y un camino con destino hacia la felicidad. Ese propósito se convierte en el motor que te impulsa cada día, y es una fuerza tan profunda y gratificante que nos hace sentir realizados, aunque el viaje parezca infinito.

He escuchado a menudo que la felicidad es un trayecto, no un destino, y añadiría algo más: es un horizonte, uno que parece siempre estar a cierta distancia. Quizás nunca lo alcancemos, pero sabemos que cada paso nos acerca, y es esa proximidad la que nos mueve a seguir adelante. Tener un propósito es como tener un faro al que dirigirse, y este faro es lo único que da sentido a cada día, a cada esfuerzo, y a cada caída de la que nos levantamos más fuertes.

Emprender me ha mostrado que el verdadero éxito es el que no compromete los valores ni el propósito que me impulsaron a comenzar. El camino del emprendimiento está lleno de altibajos, de decisiones difíciles y momentos de duda, pero he aprendido que mantenerse fiel a uno mismo es la clave.

A lo largo del tiempo, me he encontrado con la tentación de tomar atajos, de sacrificar mis valores a cambio de un éxito rápido, pero nada de eso habría valido la pena. Cada golpe que recibes en este viaje no es en vano si te mantiene en el camino correcto, si sigue apuntando hacia ese propósito que es tuyo y de nadie más. Aguantar es duro, pero cada paso hacia el propósito fortalece tu convicción de que no hay nada más gratificante que lograr tu sueño sin haber traicionado lo que eres.

Este mundo muchas veces intenta convencernos de que las cosas son fáciles, de que puedes lograrlo todo sin sudar, sin sacrificio. El verdadero éxito no es algo que viene de la noche a la mañana; es algo que construyes, que respiras y que nace de una pasión honesta. No es un resultado; es una forma de vida que, aunque parezca compleja, se vuelve cada vez más natural. Recuerda: tú creas tu propio mundo, con tus propias reglas. Tú decides el tipo de vida que quieres construir y las batallas que quieres pelear.

Espero que este libro te inspire a alcanzar tu éxito y que sientas que tienes en tus manos las herramientas necesarias para avanzar. La vida es breve, y el tiempo es oro. No podemos darnos el lujo de vivirla sin buscar lo que nos hace sentir vivos, sin acercarnos, aunque sea a pequeños pasos, hacia ese propósito que nos completa.

No te compares ni te abrumes; el éxito de otros no es el reflejo de tu propio valor. Cada persona de éxito recorrió su camino y vivió sus luchas. La historia de cada uno es única, y el destino de cada uno también lo es.

No tuve la suerte de leer un libro como éste en mis inicios. Lo escribí porque, en mi camino, tuve que aprender de cada error y reorientarme después de cada tropiezo. Aprender a aplicar estas lecciones ha hecho que mi vida transcurra con más paz, que disfrute de cada logro, de cada meta alcanzada y del proceso que me llevó hasta ellas.

Hoy me siento satisfecho con lo que he logrado y, más importante aún, en paz con lo que soy.

Mi mayor riqueza es intangible. Tengo una familia que es mi ancla y mi paz, personas a mi lado que me inspiran, me sostienen y me recuerdan lo que realmente importa.

Éste es el verdadero éxito para mí. No es el dinero, no son los títulos ni las posesiones; es saber que estoy cumpliendo con mi propósito, que he recorrido el camino siendo fiel a mí mismo y que he creado una vida que amo.

Si este libro te ha ayudado a encontrar ese camino, si te ha inspirado a seguir adelante con valentía, entonces eres parte de mi éxito.

Buin, el pirata

Tomsk no era un hombre de trato fácil, y ya lo sabía por todo el tiempo que pasamos juntos a solas. Su presencia en mi vida era una extraña mezcla de sabiduría, amistad y desafío. Cada consejo suyo resonaba en mí con el peso de una enseñanza que sólo se aprende viviendo. Aunque a veces debía armarme de paciencia para soportar su carácter tan agrio, lo hacía porque notaba que él veía algo especial en mí que nadie más era capaz de ver, ni siquiera yo mismo. Lo supe el día que dijo que me acompañaría en esta aventura. Fue el día en que mi sueño dejó de ser un sueño y comenzó a convertirse en un plan.

Esa tarde preparamos el carro y los caballos. Me sorprendió saber que primero iríamos a una pequeña aldea al sur de la isla.

—Tengo asuntos que arreglar allí antes de zarpar —dijo con su tono de voz que no admitía réplica.

El camino fue largo, y durante varios días de viaje, dormíamos bajo las estrellas alrededor del fuego, mientras me dormía escuchando las historias llenas de anécdotas que Tomsk me contaba, sobre el mar y la vida de pirata. Esa vida estaba lejos de mis primeras ideas de libertad absoluta; requería una mezcla de paciencia, disciplina y saber elegir el momento adecuado para actuar. Tomsk repetía: «Un pirata debe entender que su vida depende de su cabeza antes que de su espada, Buin». Cada historia suya no era más que una lección, era una invitación a conocer quién era realmente, y a preparar mi espíritu para enfrentar lo que estaba por venir.

Llegamos finalmente a la aldea. Junto al embarcadero descansaba una vieja nave, con madera desgastada y velas deshilachadas. Tomsk me miró de reojo.

—Ésa es la *Vieja Dolores*, el barco que nos llevará a la que tú has bautizado como Isla de Sangre —dijo con orgullo.

Yo lo miré incrédulo, al borde de la risa.

—¿Ese montón de tablas viejas? ¿Quieres decir que vamos a cruzar el mar con ella? —pregunté, incrédulo.

Tomsk me observó y sonrió como lo haría un padre al escuchar la pregunta ingenua de su hijo.

—Aprende a no juzgar un barco sólo por sus astillas, Buin. Ella ha surcado mares que tú ni siquiera sueñas, y lo seguirá haciendo si la tratas con respeto. Pero claro, tenemos que hacerle algunos arreglos —dijo, llevándome a un rincón donde había escondido una pequeña caja de madera.

La abrió y vi que contenía unas treinta monedas de oro.

—Buin, este oro servirá para poner a punto a la *Vieja Dolores* y conseguir los víveres, armas y tripulación que necesitas. Es tu primera lección en este viaje: planifica bien y no desperdicies un solo doblón —dijo con su voz seria.

Con el apoyo de Tomsk y este dinero, pude organizar a la tripulación. Tomsk me presentó a un grupo de hombres rudos, de rostros duros y manos curtidas, entre ellos Verky, un viejo amigo suyo.

Aquella noche, sentados alrededor de la mesa de una taberna, tomé la palabra y los miré uno por uno:

—No soy pirata, ni capitán —dije—, pero tengo un mapa y una misión, y os prometo que, si me seguís, compartiremos un tesoro que os hará libres para siempre. Esta aventura será difícil, no lo voy a negar, pero sé que juntos lo conseguiremos. Yo os prometo que haré todo lo necesario para llegar hasta ese tesoro y que volvamos todos vivos.

Los hombres me escucharon, y sentí su aprobación en el brillo de sus ojos. Esa noche sellamos nuestro pacto y brindamos.

Estábamos unidos por algo más que el oro; éramos un equipo, y ésa fue la verdadera fortaleza que me dio Tomsk.

Pasaron semanas en las que cada hombre, cada herramienta y cada doblón sirvieron para reparar a la *Vieja Dolores*. Cuando finalmente partimos, los gritos de ánimo resonaban en todo el puerto. Zarpar fue como dejar atrás al viejo Buin, ese hombre que había soñado con ser pirata sin jamás creerlo posible.

Durante las primeras semanas, sentí que todo iba bien. Navegábamos hacia Isla Coral, donde esperábamos hacer la primera escala, y cada noche, antes de dormir, me acercaba a Tomsk para aprender algo nuevo. Con él descubrí el arte de la navegación y la forma de entender el mar. «El océano puede ser tu amigo, Buin, pero jamás lo subestimes, o será lo último que veas», me recordaba cada vez que el oleaje se volvía fuerte.

Al llegar a Isla Coral, Tomsk me llamó aparte. Me miró con su rostro endurecido y me dijo:

—Buin, te he enseñado todo lo que sé. Éste es tu barco ahora. Yo me quedo aquí. Ésta es tu aventura y tienes todo lo necesario para triunfar. Confía en ti.

Quise decirle que no estaba listo, pero él me interrumpió.

—Nadie nace listo para enfrentarse al mar. Pero el verdadero capitán es el que aprende a navegar con sus propias manos —dijo, apretándome el hombro.

Sus palabras me golpearon, pero entendí que ya no era el mismo Buin. Había aprendido a liderar, a tomar decisiones difíciles y a confiar en los hombres que tenía a mi alrededor.

Con el corazón en la garganta, pero decidido a seguir, ordené a la tripulación que levara anclas.

El viaje hacia Isla de Sangre no fue fácil. Pasamos días difíciles, el mar parecía jugar con nosotros como un gato con un ratón. Nos perdimos entre tormentas y, en una ocasión, casi nos quedamos sin agua. Pero cada vez que las fuerzas flaqueaban, recordaba las palabras de Tomsk y el apoyo incondicional de Daia y Lari. Eso me daba el impulso necesario para seguir adelante.

Finalmente, tras semanas de navegación, uno de los hombres gritó: «¡Tierra a la vista!». Saqué el catalejo y allí estaba, en el horizonte, mi Isla de Sangre. Mis sueños, que tantas veces me hicieron dudar de mí, ahora eran reales.

Desembarcamos al anochecer y, con antorchas en mano, seguimos un sendero hasta una cueva oscura, que parecía susurrarnos secretos antiguos.

La cueva nos llevó a un abismo oscuro. Me acerqué al borde, sin ver nada al otro lado. Me sentí desolado, como si el tesoro no fuera más que un engaño, una fantasía absurda. Bajé la cabeza, queriendo regresar con Daia y Lari, aceptando mi error.

Pero en ese silencio apareció Verky, que avanzó y lanzó su antorcha hacia el abismo. Y allí, al fondo, brilló el tesoro. Montones de oro, joyas y objetos preciosos reflejaban el fuego. En ese momento entendí que lo que había buscado toda mi vida estaba al alcance de mis manos.

Mis hombres me abrazaron y reímos como nunca. El sueño imposible de un joven cualquiera se había hecho realidad. Me sentí más dichoso que nunca. No había encontrado el oro, había aprendido a ser el capitán de mi propio destino.

Esa noche, mientras celebrábamos nuestro hallazgo, supe que nunca habría sido posible sin Tomsk, sin el apoyo de Daia y sin el impulso de perseguir mis sueños.

Había dejado de ser Buin el soñador. Ahora era Buin el pirata, un hombre que nunca dejaría de explorar y es que mi aventura sólo acababa de empezar.

Epílogo

Lo que la dana se llevó

Justo cuando daba las últimas pinceladas a este libro, una de las experiencias más intensas y desgarradoras de mi vida me envolvió sin previo aviso. Fue una mezcla de emociones que apenas puedo describir: frustración, dolor y la enorme carga emocional de ver cómo cada esfuerzo que ponía en ayudar a otras personas se quedaba corto frente a la magnitud del sufrimiento que estaban atravesando. Experimenté esa rara mezcla de esperanza y desesperanza que se siente cuando eres el único que cree en una idea, una acción, y aun así, aunque luches con todas tus fuerzas, sabes que no será suficiente para cubrir todas las necesidades de aquellos que han pasado por un auténtico infierno.

El destino nos sorprende de muchas maneras, y a veces nos recuerda la fragilidad de nuestras propias construcciones. La dana que azotó Valencia nos demostró lo rápido que puede cambiar todo y cuánto dependemos de la ayuda mutua, la solidaridad y la acción de quienes nos rodean. Al ver el desastre que dejó la lluvia, las inundaciones, la desesperación y la pérdida de tantas familias y pequeñas empresas, entendí con más fuerza el verdadero propósito de emprender.

Las empresas no nacen para enriquecernos; nacen para servir. Nacen con la misión de mejorar la vida de los demás, de resolver problemas y de crear soluciones que hagan del mundo un lugar mejor.

Los emprendedores y empresarios tenemos un papel vital en nuestra sociedad porque nuestras organizaciones son más que simples entidades económicas; son plataformas para construir, impactar y contribuir. Somos herramientas en manos de nuestras comunidades, listos para actuar, para levantar lo que ha caído y para unir fuerzas cuando el peso de la tragedia recae sobre todos.

Durante la crisis de la dana vi una muestra del poder de nuestra comunidad de emprendedores y empresarios. Vi personas que dejaron a un lado sus tareas diarias y sus prioridades para salir a las calles, a los barrios más golpeados, y ofrecer su ayuda en las formas que mejor sabían: gestionando, organizando, aportando recursos o dando su tiempo y esfuerzo. Nos convertimos en voluntarios, en manos de obra y en aliados. Fue un recordatorio de que la función de una empresa no termina en el balance financiero.

No, va mucho más allá.

Cuando las aguas bajaron, lo que quedó fue una clara visión de lo que significa ser parte de una sociedad comprometida, en la que los negocios no están aislados en la búsqueda de beneficios, sino que forman parte de un ecosistema que se fortalece mutuamente. Los empresarios no somos ajenos a las necesidades de los demás; somos, o debemos ser, una extensión de nuestros proyectos con propósito, dispuestos a actuar en tiempos de necesidad.

Esta experiencia fue una sacudida que reafirmó en mí que el verdadero éxito de un empresario no se mide en cifras, sino en el impacto positivo que deja en su entorno. Nuestra labor no acaba con la creación de empleo o el pago de impuestos; tenemos la capacidad de movilizar y de inspirar a otros a actuar, de dar lo mejor de nosotros en los momentos más oscuros. Cada vez que una empresa se suma a una causa, cada vez que un emprendedor asume el liderazgo en una iniciativa social, demostramos que estamos aquí para algo más grande que la simple prosperidad individual.

La dana se llevó muchas cosas, pero dejó intacta nuestra voluntad de ayudar. Nos mostró que cuando construimos empresas con propósito, cuando lideramos con la convicción de que nuestro trabajo tiene una misión más grande, nos convertimos en el motor que puede cambiar el destino de nuestras comunidades.

Que este libro sirva para recordarnos que la razón por la cual emprendemos no es personal, es colectiva. Porque cuando un empresario actúa, toda la sociedad se beneficia, y cuando toda la sociedad sufre, es nuestro momento de actuar.

Eso es lo que somos y lo que debemos ser: líderes de proyectos con propósito, pero, sobre todo, líderes con un compromiso humano.

Agradecimientos

A lo largo de este camino han sido muchas las personas que me han animado, y algunas otras que no, pero a todas quiero darles las gracias. Cada una, a su manera, ha sido parte de este viaje, y sin su presencia, fuera para alentarme en los buenos momentos o para desafiarme en los malos, este libro no existiría. Me han dado las lecciones y el apoyo que hoy me sostienen.

A Mercè, gracias por ser la paz en mis días y la certeza que nunca se tambalea. Has sido el puerto seguro en el que he podido descansar para construir cada palabra, cada idea. Tu confianza en mí, incluso cuando he dudado de mí mismo, me ha dado la fuerza para seguir adelante. Prometo devolverte el tiempo que no he podido darte y agradecer cada momento que has esperado paciente mientras yo me sumergía en este proyecto.

Aria, mi hija, mi princesa. Eres el reflejo más puro de todo lo bueno que pueda hacer en esta vida. Eres la luz que ilumina el camino, la razón detrás de mis sueños, y la inspiración para Buin y sus amigos. Gracias por recordarme, a través de tus ojos, cómo debo actuar y qué significa realmente el amor incondicional. Me has enseñado a vivir al cuadrado y has puesto color a mis días.

A mi sobrina, Teresa, una niña que ya tiene el brillo de quien sabe soñar a lo grande. Que nunca te falte la fuerza ni la libertad para crear tu propio camino. Estaré siempre a tu lado, como un amigo, para acompañarte a alcanzar cualquier sueño que tengas.

Papá y mamá, gracias por darme la vida y mostrarme que la verdadera riqueza está en los valores. Ser una persona con principios es el punto de partida de todo, y en vosotros encontré ese pilar fundamental.

A mis amigos, los que han estado y los que han pasado. A Tomás, que estuvo ahí para escucharme y tenderme la mano cuando más lo necesitaba, y a Ángel, que me apoyó en los aspectos técnicos de este proyecto y me dio un impulso hacia delante. A Javier, que me enseñó la fortaleza y la disciplina en cada caída en el camino de las artes marciales, y a Lidia, que cuidó de este libro como si fuera suyo.

A mi editora Carla y a Héctor, de Gestión 2000, gracias por vuestro trabajo y por hacérmelo ver tan sencillo. Vuestra sensibilidad ha hecho que esta obra sea aún más especial. Gracias por entender mi visión y apoyarme siempre.

Todos vosotros sois parte de esta obra, y en ella quedará un eco de nuestra conexión. Ya planté un árbol, en cuyas raíces descansan las cenizas de nuestra querida Mia. Tengo una hija increíble que es mi mayor logro, y ahora, este libro que es un sueño hecho realidad. Sólo me faltaría aprender a tocar algún instrumento, pero quizás eso lo deje para otra vida... por el bien de los oídos de quienes me rodean. Aun así, siento que me quedan tantas cosas por hacer, tantas ganas de crear y de compartir, que sé que nunca me faltarán motivos para vivir.

Gracias a ti, querido lector, por el honor de tu tiempo y tu confianza. Mi deseo es que este libro te inspire, te anime y te dé las herramientas para perseguir tus propios sueños en el emprendimiento y en la vida. Porque vivir, en sí mismo, ya es emprender, y lo que cuenta es cada paso, cada esfuerzo, cada pequeño logro.

Si alguna vez formaste parte de mi vida, aunque sólo haya sido por un instante, un trocito de este libro también es tuyo.

Con todo mi cariño,

JOSEP

Referencias bibliográficas

En este punto, comparto contigo algunos de los libros que me han inspirado y que, directa o indirectamente, tienen trascendencia en *El mapa del emprendimiento*.

Bassat, L., *Inteligencia comercial*, Plataforma Editorial, Barcelona, 2011.

Bravo, I., *Escribo porque me gusta ganar dinero*, Alienta Editorial, Barcelona, 2022.

Campbell, J., *El héroe de las mil caras*, Atalanta, Vilaür (Girona), 2020.

Chouinard, Y., *Que mi gente vaya a hacer surf: La educación de un empresario rebelde*, Ediciones Desnivel, Madrid, 2017.

Covey, S. R., *Los 7 hábitos de la gente altamente efectiva* (Edición revisada), Booket, Barcelona, 2023.

Delgado Zarco, C., *El despertar de la Pyme*, libro autopublicado, 2018.

Drucker, P. F., *Eficacia ejecutiva*, Conecta, Barcelona, 2018.

Ferriss, T., *La jornada laboral de 4 horas* (cuarta edición ampliada), RBA Editores, Barcelona, 2010.

Gladwell, M., *El punto clave*, Taurus, Barcelona, 2007.

Hernández, A., *Vender es fácil, si sabe cómo*, Alienta Editorial, Barcelona, 2013.

Hill, N., y Stone, C., *La actitud mental positiva*, DeBolsillo, Barcelona, 2010.

Jeffers, S., *Aunque tenga miedo, hágalo igual*, Ediciones Robinbook SL, Teià (Barcelona), 2007.

Kawasaki, G., *El arte de cultivar*, Booket, Barcelona, 2013.

Kim, C., y Mauborgne, R., *Las claves de la estrategia del océano azul*, Profit Editorial, Barcelona, 2017.

Kiyosaki, R. T., *Padre rico, padre pobre*, DeBolsillo, Barcelona, 2023.

Klaric, J., *Vende a la mente, no a la gente*, Alienta Editorial, Barcelona, 2020.

Navarro, T., *Kintsukuroi: el arte de curar heridas emocionales*, Zenith, Barcelona, 2017.

—, *Wabi Sabi*, Zenith, Barcelona, 2018.

Planellas, M., *Las decisiones estratégicas*, Conecta, Barcelona, 2015.

Poynton, R., *Pausa: no eres una lista de tareas pendientes* (segunda edición), Ediciones Koan, Badalona, 2020.

Ries, E., *El método Lean Startup: Cómo crear empresas de éxito utilizando la innovación continua*, Deusto, Barcelona, 2012.

Robertson, B., *Holacracia: El nuevo sistema organizativo para un mundo en continuo cambio*, Empresa Activa, Barcelona, 2015.

Shapiro, M., *Guías HBR. Liderando equipos*, Reverté Management, Barcelona, 2020.

Sinek, S., *Los líderes comen al final*, Empresa Activa, Madrid, 2015.

—, *Empieza con el porqué*, Empresa Activa, Madrid, 2024

Tolle, E., *El poder del ahora*, Gaia Ediciones, Móstoles, 2013.